Claudius Kaiser

Wie Pornos meinen Vater und mich zerstörten

Impressum

Bibliografische Information der Deutschen Nationalbibliothek: Die Deutsche Nationalbibliothek verzeichnet diese Publikation in der Deutschen Nationalbibliografie; detaillierte bibliografische Daten sind im Internet über http://dnb.dnb.de abrufbar.

Lektorat: Anne Junker

Verlag: BoD · Books on Demand GmbH, Überseering 33, 22297 Hamburg, bod@bod.de

Druck: Libri Plureos GmbH, Friedensallee 273, 22763 Hamburg

ISBN: **978-3-7693-1662-9**

Widmung

Dieses Buch ist an alle gerichtet, die unter Pornografie leiden und nicht wissen, wie sie davon loskommen.

Ich kann dir eins sagen, mein Leben war total sinnlos und ich wollte nicht mehr leben!

Doch glaube mir, es gibt einen Weg nach draußen!

Damals konnte ich es mir jedoch nicht vorstellen und war am Ende meiner Kräfte.

Aber gib niemals auf!

Viele Möglichkeiten, wie man von der Sucht loskommt, habe ich selbst entwickelt, da es zu meiner Zeit wenige Hilfsangebote gab. Ich stelle sie dir am Ende des Buches zur Verfügung und hoffe, dass sie dir helfen!

Alle Quellen werden am Ende des Buches aufgeführt, um den Lesefluss nicht zu stören.

Einleitung

Es ist ein Tag wie jeder andere, ich stehe auf, putze mir die Zähne, richte meine Sachen und mache mich mit dem Fahrrad auf den Weg zur Schule.

In der Schule angekommen, vertreibe ich mir den Unterricht, indem ich meinen Ordner vollkritzle und mich über meinen Lehrer amüsiere, der verzweifelt versucht, uns für seine Formeln und Zahlen zu begeistern.
Leider vergeblich, außer ein paar Strebern aus der ersten Reihe, hängen wir geistig in Videospielen oder Erlebnissen des letzten Wochenendes fest.

Nach der Schule muss ich wie jeden Tag den steilen Berg zwischen der Bushaltestelle und unserem Haus mit dem Fahrrad bezwingen. Mit dem Schulranzen auf dem Rücken, welcher voll mit Büchern ist, ist dies zwar nicht leicht, aber stellt kein Ding der Unmöglichkeit für mich dar und somit kehre ich gegen 14 Uhr nach Hause zurück.

Zu diesem Zeitpunkt bin ich 12 Jahre alt, besuche die fünfte Klasse einer Realschule und mein Leben verläuft wie jedes andere.

Die Noten sind gut und mein Sozialleben ist intakt.

Was ich jedoch nicht ahne, dieser Nachmittag wird mein ganzes Leben verändern.

An diesem verhängnisvollen Nachmittag ist es mir sehr langweilig und auf Hausaufgaben machen habe ich keine Lust.

Mhhhh, vielleicht könnte ich meinen besten Kumpel fragen, ob er Lust hat etwas zu unternehmen?

Ach nein, heute bin ich voll faul und will nur auf dem Sofa chillen!

Irgendwann komme ich auf die Idee, dass ich mir die Videokassette von Rambos ersten Teil anschauen könnte!

Rambo I ist ein Actionfilm, der in Vietnam gedreht wurde.

Mein Vater nahm manchmal einen Film im Fernseher oder von einer DVD auf und speicherte ihn auf einer Videokassette.

Somit gehe ich ins Wohnzimmer, öffne die unterste Schublade des Fernsehregals und versuche, die Rambo Videokassette zu finden.

Wo ist sie denn?

Wie kann das nur sein?

Rambo ist eigentlich immer dort!

Ich denke aber nicht lange darüber nach und mache mich weiter auf die Suche nach ihr. Zuerst schaue ich im Fernsehregal und drumherum.

Aber noch immer weit und breit kein Rambo in Sicht.
Ich gebe nicht auf, da ich nicht weiß, was ich sonst mit meiner freien Zeit anstellen soll. Somit gehe ich zur anderen Seite des Zimmers und durchsuche das große Wandregal.

Mist, wieder keine Spur von Rambo!

Wo könnte dieser Film denn jetzt noch sein?

Ich lasse nicht locker, strenge meinen Kopf weiter an und überlege, wo sie sein könnte.

Irgendwann kommt mir die Idee, hinter das Wandregal zu schauen.
Kurze Zeit später tue ich genau das und siehe da, sie ist dort!

Na endlich muss ich keine Langeweile mehr haben und kann mir Rambo anschauen!

Ein Gefühl der Erleichterung flutet meinen Körper.

Einfach auf dem Sofa liegen und für zwei Stunden den Kopf ausschalten.

Doch warum versteckt er die Videokassette hinter dem Regal?

Rambo ist doch nicht schlimm und die anderen Kassetten waren ja schließlich auch noch in der untersten Schublade!

Alles egal jetzt und rein mit dem Film!

Voller Euphorie haste ich zurück, schiebe die Kassette in den Player, schalte den Fernseher ein und warte.

Und dann … trifft es mich wie ein Blitz, was ich dort zu sehen bekomme!

Was zum Teufel ist denn das bitteschön?

Das ist ja ultrageil!

Es ist das Heftigste, was ich bis zu diesem Zeitpunkt jemals in meinem Leben gesehen habe!

Zwei Menschen, Mann und Frau beim Geschlechtsverkehr!

Es ist so heftig, dass ich nicht mehr wegschauen kann.

Und irgendwann beginne ich, mich dabei selbst zu befriedigen.

Nach nicht einmal einer Minute ist der Spaß vorbei und ich falle mit einem Gefühl der Bewusstlosigkeit rückwärts auf das Sofa.

Diese Intensität an Orgasmus hatte ich noch nie erfahren.

Ich bin wie gelähmt und weiß nicht mehr, wo oben und unten ist!

Zwar hatte ich mich auch schon vor dem Schauen der Pornos selbst befriedigt, doch der Orgasmus mit Nacktbildern und Fantasien war niemals auch nur annähernd so heftig gewesen.

Falsche Richtung

Im realen Leben ist es nicht gerade einfach, eine Freundin zu erobern. Noch schwieriger ist es, eine langfristige Beziehung zu führen. Denn diese fordert einen gewissen gesellschaftlichen Status.
Es fängt mit der Schulbildung an und hört mit einem festen Einkommen auf.
Für Pornos hingegen müssen wir nur einen sehr kurzen Weg gehen.

Und genau dies lernte ich nun!

Mein Aufwand, die Rambo Videokassette zu suchen, war lediglich vom TV-Regal bis zum Wandschrank und wieder zurückzugehen.

Wissen: Bei einem Orgasmus wird sehr viel Dopamin ausgeschüttet. Unser Gehirn möchte natürlich immer wieder diesen großen Ausstoß an Dopamin haben und speichert den Weg, wie es zu diesem gekommen ist. *Quelle 1 siehe Kapitel Quellen

Jedoch war mein gespeicherter Weg nicht der richtige, da ich kein Kind mit meinem Orgasmus kreierte. Ich saß alleine in einem Zimmer, ohne dass eine Frau anwesend war. Mein Gehirn interessierte jedoch kein Richtig und Falsch, es speicherte dieses Erlebnis als erfolgreiche Fortpflanzung.

Dies war fatal, da es so lernte, dass es lediglich einen Bildschirm und Pornos benötigte, um einen vorher nie dagewesenen heftigen Orgasmus zu bekommen.
Ab diesem Moment war ich ein Abhängiger und wollte dieses Gefühl sofort wieder haben.
Dies war noch ein paar Mal möglich, bis es meine Mutter herausbekam und meinen Vater zur Rede stellte.

»Wie kann es sein, dass unser Sohn Zugang zu Pornografie hat?«, sagte sie zu ihm.

»Das sind nicht meine Pornos, er hat sie sich selbst besorgt!«, erwiderte er.

Doch sie glaubte ihm nicht, da sie wusste, dass wir normalerweise Filme auf diesen Videokassetten speicherten, um sie später wieder anschauen zu können. Zumal auf der Videokassette Rambo stand und sie wusste, dass ich nirgends einen Porno herbekommen würde, um ihn auf eine Videokassette zu kopieren. Mein Vater hingegen hatte sehr wohl Zugang zur Pornografie und konnte sich dort nach Belieben neue Pixelfrauen aussuchen.

»Papa, Papa fahr mit uns in die Videothek und lass uns dort einen Film ausleihen!«, sagten meine Schwester und ich des Öfteren zu ihm.
Über Jahre hinweg taten wir dies gemeinsam und liehen uns die aktuellen Blockbuster aus. Es war für uns Kinder immer ein schönes Erlebnis und wir freuten uns zusammen auf den gemeinsamen Filmeabend. Doch zwischendurch musste er allein in die Videothek gefahren sein, um sich einen Porno auszuleihen.

Aus heutiger Sicht weiß ich sehr genau, warum der Konsum von Pornografie von mir und meinem Vater aus Sicht meiner Mutter so schlimm gewesen war.
Sie wusste instinktiv, dass dieser Konsum die Beziehung zwischen Frau und Mann verändert.

Wenn ihr Mann mit den Porno-Frauen schlief, war es meiner Mutter bewusst, dass diese Frauen wesentlich jünger und hübscher waren als sie. Somit musste sie von nun an mit jungen hübschen Frauen aus dem Porno konkurrieren, doch dies war unmöglich und ließ sie innerlich verzweifeln.

Im Kindergarten bei ihrer Tätigkeit als Erzieherin beschäftigte sie sich täglich mit der Entwicklung von Kindern. Und vor allem mit Dingen, die gut und schlecht für Kinder sind.
Dass nun ihr eigener 12-jähriger Sohn Zugang zu Pornografie hatte, war aus ihrer Sicht ein Ding der Unmöglichkeit.

Sie wusste ganz genau, dass Pornos für meine zukünftige Entwicklung nicht gerade hilfreich waren und die Erziehung von nun an schwieriger werden würde!
Pornos sind zwar ab 18 Jahren erlaubt, trotzdem rebellierte ihre innere Natur gegen den Konsum ihres eigenen Mannes.

Es war, als hätte sie ihn beim Fremdgehen erwischt.

Dies war für ihn sehr peinlich, da durch mich sein Pornokonsum ans Tageslicht kam und er nicht weiter im Geheimen seine Filme anschauen konnte.
Von nun an sah er mich als jemanden an, der seinen Schatz, die Pornografie, öffentlich gemacht hatte.

Superdroge

Mein Gehirn und das meines Vaters waren süchtig und kein Orgasmus mit Fantasie oder Nacktbildern kam an dieses heftige Gefühl heran.

Somit kippte die Stimmung zu Hause, da nun zwei Abhängige im Haus wohnten.

Meine Mutter und meine Schwester litten sehr darunter und verstanden den Grund für die Wesensveränderung von mir und meinem Vater nicht.

Der Suchtfaktor, der von Pornos ausgeht, ist kaum in Worte zu fassen.

Selbst ein erwachsener Mensch von 50 Jahren, wie mein Vater, wurde voll von ihnen in den Abgrund gerissen.

Man schaut sie einmal an und kann sofort süchtig danach werden.

Mein Aufwachsen (0-12 Jahre)

Zwölf Jahre bevor ich die Pornos zum ersten Mal entdeckt hatte, wuchs ich in einem kleinen Dorf mit circa 50 Einwohnern auf.

Es war eine idyllische Landschaft mit Teich in der Dorfmitte und von Wald umringt.

Manchmal fühlte es sich wirklich so an, als würde man in einem Paradies leben.

Morgens ging es in den Kindergarten, um dort mit den anderen Kindern spielen zu können.

Es war perfekt, da meine Mutter mich und meine Schwester mit auf ihre Arbeit nehmen konnte.

Im Kindergarten angekommen, gab es meistens zuerst einen Morgenkreis und wir sangen ein paar Lieder und klatschten fröhlich dazu. Zu diesem Zeitpunkt waren Pornos noch völlig außer Reichweite und ich hätte mir während dieser glücklichen Zeit niemals vorstellen können, dass meine Zukunft einmal durch sie zerstört werden könnte.

Nach dem Morgenkreis durfte man tun und lassen, was man wollte. Burgen bauen aus Holzklötzchen oder draußen im

Garten »Fang mich, wenn du kannst« und »Suchen und Verstecken« zu spielen, war ganz normal.
Es war ein fröhliches Miteinander und jeder hatte seinen Spaß.

Im Kindergarten wusste ich sogar schon, wer meine zukünftige Frau werden sollte und ging eines Tages beim Spielen im Garten zu ihr hin und sagte zu ihr, dass ich sie gerne heiraten würde.

Leider weiß ich nicht mehr, was sie auf diesen Satz geantwortet hat.
Nichtsdestotrotz war damals mein Innenleben noch völlig normal und ich wusste, wo es später einmal im Leben hingehen sollte.
Damals war bei mir noch keine Spur von einem krankhaften Leben vorhanden.

Mädchen wurden von mir als Menschen wie jeder andere betrachtet und nicht wie während des Pornokonsums als Objekte, die nur dazu da sind, mir einen Orgasmus zu bescheren.

Somit war jeder Tag im Kindergarten eine wunderschöne Zeit in einer noch heilen Welt.

Täglich nach dem Kindergarten ging es nach Hause in das kleine Dorf zurück, um dort mit dem Spielen weitermachen zu können. Baumhütten bauen und vor dem Scheunentor Fußballspielen gehörten zum Alltag.

Die meiste Zeit während meines damaligen Lebens verbrachte ich draußen in der Natur mit Freunden.

Ich kann mich noch daran erinnern, als wäre es gestern gewesen, wie ich mit meinem damaligen besten Kumpel durch das Dorf rannte, um Unfug zu machen. Des Öfteren gingen wir zu irgendwelchen alten Omas und fragten sie, ob wir etwas zum Naschen bekommen könnten.

Natürlich hatten sie ihre Vorräte und wir etwas zu naschen.
Und wenn wir richtig abenteuerlustig waren, gingen wir zum Dorfteich und versuchten, einen Fisch zu fangen. Die ersten Jahre noch per Netz und die darauffolgenden per Angel.
In den ersten Jahren fingen wir meist nur Frösche und wenn wir ganz viel Glück hatten, war mal ein kleiner Fisch dabei. Beide Fänge erfreuten uns sehr und ließen uns abends als große Jäger zufrieden einschlafen. Und wenn wir nicht gerade am Jagen oder Fischen waren, drehten wir eine Tour mit dem Fahrrad oder zu Fuß.

Einmal jedoch, wollten wir das kleine Dorf verlassen und schauen, was sich hinter dem Wald befand, der das ganze Dorf umschloss.

Dies war keine gute Idee gewesen, da wir zu diesem Zeitpunkt erst circa 5 Jahre alt waren und sich unsere Eltern große Sorgen machten, da sie uns über mehrere Stunden hinweg nicht mehr finden konnten.

Nach einer gewissen Zeit jedoch fand uns der Vater meines Kumpels. Er war sehr aufgebracht und glücklich zugleich.

»Seid ihr denn verrückt?«

»Wir haben uns alle furchtbare Sorgen um euch gemacht.«

Wir musterten ihn stillschweigend und nahmen seine Worte mit Angst auf. Jeder von uns dachte, dass nun etwas Schlimmes passieren würde, doch zu unserer Überraschung setzte er uns lediglich auf seinen Traktor und fuhr mit uns nach Hause.

Wie zu der damaligen Zeit – um 1997 herum – üblich, war dies ein Traktor ohne Fahrerkabine. Man muss es sich wie ein Cabriolet vorstellen, nur als Traktor.
Heute noch kann ich mich daran erinnern, wie wir in circa 1,5 Meter Höhe über dem Hinterrad auf dem Traktor saßen.
Gesichert wurden wir nur durch ein Eisenrohr, an dem wir uns anlehnen und festhalten konnten. Schweigend und mit Wind um die Ohren fuhren wir zurück ins Dorf.
In mir drin war es ganz leise und still, da ich wusste, dass diese Tour zu gefährlich war und ich meinen Kumpel überhaupt erst auf diese Idee gebracht hatte. Doch ich konnte nicht anders, da in mir der Drang nach Abenteuer viel zu groß war.

Zuerst wurde ich abgesetzt und danach fuhren mein Kumpel und sein Vater nach Hause.

Tage später war die Aufregung schon wieder vergessen und das tägliche Leben hatte uns wieder.

Diese wilde Erkundungstour würde ich aus heutiger Sicht als einen normalen Drang beschreiben, die Welt erkunden zu wollen.

Von Kindheitstagen an bis zu dem Alter von 12 Jahren war ich voller Tatendrang und sog das Leben förmlich in mich auf. Kein Weg war zu weit und nichts schien zu gefährlich.
Doch mit der Zeit trat der Fernseher immer mehr und mehr in den Mittelpunkt unseres Familienlebens.

Meine Familie wurde digital

Mein Vater und ich gewöhnten uns daran, stundenlang auf sich bewegende Pixel zu schauen.

Fußballspiele im TV anzuschauen, die über neunzig Minuten gingen, waren für mich anfangs noch eine große Herausforderung, da ich es nicht gewohnt war, so lange ruhig vor einem Gerät zu sitzen.

Mein innerer Tatendrang rebellierte und wollte eigentlich viel lieber rausgehen, um in der Natur zu spielen, anstatt eineinhalb Stunden in ein Kunststoff-Gerät zu schauen.
Doch weil es mein Vater tat, machte ich es ihm nach, da er mein Vorbild war.

Dieses ständige in den Bildschirm glotzen war die Voraussetzung dafür, um in der Zukunft überhaupt erst von Pornos abhängig zu werden.

Unsere reale Welt ging in die digitale Welt über.

Normalerweise ist man mit Dingen aus dem täglichen realen Leben beschäftigt und macht sich Gedanken darüber. Doch wenn man täglich TV schaut, drehen sich die eigenen Gedanken irgendwann um Dinge wie das eigene Fußballteam, Probleme der Promis und die Weltwirtschaft.

All das kann man kaum ändern und nimmt somit eine Perspektive des stillen Beobachters ein.

Zu der damaligen Zeit spielte ich in dem Fußballteam unseres benachbarten Dorfclubs. Es war eine sehr schöne Zeit und ich konnte mein Team als Verteidiger unterstützen, um gemeinsam hin und wieder einen Sieg auf dem Platz zu erringen.
Zu dieser Zeit war mein Leben noch in Ordnung und ich war im Fußballclub, Freundeskreis und in der Schule voll integriert und akzeptiert. Es gab für mich kaum Sorgen oder negative Gedanken. Doch als der TV-Konsum immer weiter zunahm, gewöhnte ich mich daran, Fußball lieber in Form von sich bewegenden Pixeln anzuschauen, anstatt selbst wie gewohnt auf dem Fußballplatz zu agieren.

Wissen: In der Zeit des TV-Konsums gewöhnen wir uns daran, uns mit Dingen zu beschäftigen, die wir nicht ändern können. Später dann, bei dem Konsum der Pornografie verhält es sich genau gleich, da wir Menschen beim Sex zuschauen, ohne dass wir selbst mit einem anderen Menschen interagieren.
Meine Familie hat sich über die Jahre des TV-Konsums somit an eine Verhaltensweise gewöhnt, bei der wir nur zuschauen und nicht mehr selbst aktiv werden. Dadurch verkommt das eigene Leben zu einem Leben aus der Beobachterperspektive. Dies macht jedoch sehr unglücklich, da wir als Kind aktiv sein müssen, um uns gesund zu entwickeln.

*Quelle 2

Selbstwirksamkeit ist die Fähigkeit, uns in der Welt einzubringen und Dinge zu verändern, wie wir sie uns vorstellen.

In der digitalen Welt können wir lediglich zuschauen und wenn überhaupt nur ein paar Pixel während eines Computerspiels hin- und herschieben.

Hypnose funktioniert genau gleich.

Du sitzt still da und starrst in eine Richtung.

Und das, was der TV dir präsentiert, wird unterbewusst gemacht und befolgt.

Das Gehirn ist dabei von den leuchtenden Pixeln so sehr abgelenkt, dass es über den eigentlichen Inhalt, der dir dort präsentiert wird, überhaupt nicht mehr nachdenken kann.
Ständig neue Reize durch sich schnell verändernde Bilder und Situationen lassen dich zu einem unbewussten Konsumenten verkommen. Liest du hingegen ein Buch, kannst du dich so lange wie du möchtest mit einer Szene beschäftigen und dich damit auseinandersetzen. Dort kann ein Reflektieren und Nachdenken stattfinden über das, was du gerade gelesen hast. Doch beim Fernsehen musst du immer das aufnehmen, was die Pixel dir präsentieren, da schon wieder das nächste Bild auf dich wartet.

Meine erste digitale sexuelle Erfahrung

Bei sich schnell verändernden Pixeln nehmen wir auch sexuelle und gewalttätige Inhalte ungefiltert auf. Ohne sie hinterfragen zu können, gelangen sie in unser Unterbewusstsein, da wir uns schon wieder in der nächsten Szene mit einer anderen Handlung befinden.

Die ersten sexuellen Inhalte, die ich überhaupt in meinem Leben zu Gesicht bekam, sah ich im TV. Es waren zwar keine Geschlechtsteile zu sehen, doch die alleinige Andeutung eines Sexualaktes reichte für mich aus, damit ich es mir kurze Zeit später mithilfe meiner Fantasie und den Bildern aus dem TV selbst machte.
Schon so früh mit sexuellen Inhalten konfrontiert zu sein, ist sicherlich nicht förderlich für die Entwicklung. Doch unsere sexualisierte Gesellschaft und Medienlandschaft machten es möglich, dass ich im Alter von ungefähr sechs Jahren mit Softpornoinhalten im TV in Berührung kam.

In meinem normalen Alltag in diesem Alter gab es keine sexuellen Inhalte zu sehen. Doch das ständige Fernsehen mit den gelegentlichen Sex-Szenen triggerten meinen Trieb in einem so jungen Alter.

Viele Eltern, wie auch meine Eltern, waren sich nicht so richtig bewusst, was diese sexuellen Inhalte mit einem Jungen anstellen und dass er danach süchtig werden kann. Sie waren so mit ihrem Alltag und ihrem Job beschäftigt, dass sie über so etwas nicht nachdachten.

Neue Technologien kommen auf den Markt und wir Menschen müssen uns erst einmal daran gewöhnen, mit ihnen umzugehen. Es ist ein jahrelanger Prozess herauszufinden, was gut und was schlecht für uns ist.

Die Aufnahme von Informationen per TV hat sicherlich seine Vorteile und lässt einem in ein paar Minuten erklären, was so in der Welt vor sich geht.

Doch stundenlanges Fernsehen und die unterbewusste Aufnahme von sexuellen und gewaltvollen Inhalten ist sicherlich eine der Schattenseiten.

Jeder Mann oder Junge ist für sexuelle Dinge empfänglich, da es in unserer Natur liegt und wir darauf sehr stark reagieren.

»Sex Sells« wird gern geschaut, da nackte Frauen für uns Männer überaus attraktiv sind und wir nicht wegschauen können oder wollen.

Dies bedeutet für die TV-Produzenten mehr Geld, da ihre Produktionen mit sexuellen Inhalten länger angeschaut werden.

Aus heutiger Sicht kann ich jedoch sehr gut verstehen, warum mein Vater es so sehr genoss, TV zu schauen.

Nach einem harten Arbeitsalltag mit zwei Jobs willst du nur noch auf dem Sofa liegen und dich entspannen.

Und der technologische Fortschritt brachte die Erfindung des Fernsehens hervor, welche es uns ermöglicht, neben der Entspannung zusätzlich die Ereignisse aus aller Welt mitzuverfolgen.

Doch mit der Zeit kann dieses entspannte TV-Schauen zur Falle werden.

Unsere Familie gewöhnte sich nach jahrelangem Konsum zu sehr an die Beschäftigung, ständig in ein Kunststoffteil mit sich bewegenden Pixeln zu schauen.
Irgendwann waren meine Schwester und ich so süchtig nach den sich bewegenden Pixeln, dass wir lieber TV schauten, anstatt rauszugehen, um etwas zu unternehmen. Aus diesem Grund versteckte unser Vater die Fernbedienung, damit meine Schwester und ich nicht mehr Fernsehen schauen konnten.

Dieses TV-Verbot war zu Beginn sehr erfolgreich und ließ uns wieder ein normales Leben führen.

Die alte Welt zerbrach

Aus heutiger Sicht würde ich den Abschied in die digitale Welt schon als begonnen betrachten, ab dem Moment, als wir immer mehr und mehr fernsahen. Fairerweise muss ich gestehen, dass die reale Welt ab einem gewissen Punkt sehr langweilig sein kann, weil nicht ständig etwas Neues passiert. Da ist die digitale Welt mit Nachrichten und sich überschlagenden Ereignissen schon sehr verlockend und es ist schwer, ihr zu widerstehen. Doch es gibt ein altes Sprichwort, welchem ich heute sehr viel Gewicht beimesse:

»Man soll zufrieden sein mit dem, was man hat, ansonsten bestraft einen Gott.«

Unsere Familie wurde chronisch unzufrieden, da wir jeden Tag im Fernseher Dinge sahen, die wir uns nicht leisten konnten. Somit strebten wir nach mehr und zerstörten uns selbst. Mein Vater und ich sehnten uns nach mehr Frauen und bekamen diese in Form von Pornografie eines Tages zu Gesicht und vergnügten uns mit ihr. Meine Mutter wollte ein Mehr an Statussymbolen in Form von einem schicken Haus und einem neuen Mercedes haben. Das Haus konnten wir uns einigermaßen leisten, aber der schicke neue Mercedes jedes Jahr hingegen war zu viel und nur gemietet.

Mit wem wir uns vergleichen

Normalerweise vergleichen wir uns mit dem Nachbarn und versuchen, ähnliche Dinge wie er zu erreichen. Vergleichen wir uns hingegen mit Millionären im TV, die ständig mit einem neuen Auto um die Ecke kommen, können wir chronisch unzufrieden werden.
Wenn du in den Röhrenmonitor schaust, ist es, als würdest du durch eine Glaskugel in eine fremde Welt schauen.

Wir taten dies zu oft und bestraften uns auf Dauer selbst.

Es verhält sich wie beim Mitfiebern für das eigene Fußballteam. Gewinnt unsere Mannschaft, fühlen auch wir diesen Erfolg. Doch in der Realität haben wir dadurch selbst noch lange keinen Erfolg.

Wir Menschen sind soziale Wesen, die mit anderen mitfühlen oder mitleiden können. Die Fernsehindustrie nutzt diese emotionalen Eigenschaften, um uns zum Kauf eines Autos oder Sonstigem zu verleiten.

»**Kauf dies und du wirst auch erfolgreich!**« ist die Message!

Und dies passiert, wenn wir erfolgreiche Menschen in der Werbung sehen, die ein Produkt bewerben.

Doch das stimmt nicht!

Wir kurbeln so nur die Wirtschaft an und kaufen Dinge, die wir eventuell gar nicht brauchen.
Unsere Familie verausgabte sich völlig beim Versuch, diese Statussymbole zu erreichen.

Selbstdarstellung statt Selbstwert war unser Motto.

Als wir dieses Motto verfolgten, blieb das Zwischenmenschliche in unserer Familie auf der Strecke.
Doch genau dies hatte uns als Familie über die Jahre so stark gemacht und für einen großen Zusammenhalt gesorgt.
Zuvor hatten wir alle zusammengearbeitet und ein schönes Miteinander kreiert.
Doch die virtuelle Welt ließ unser Miteinander erodieren und uns nicht mehr, wie im gewohnten Maße zusammenstehen.
Vor diesem Abdriften in die virtuelle Welt spielten wir ständig mit unserem Vater, machten Quatsch, rauften uns und hatten den Spaß unseres Lebens.

Wir hatten ein enges Verhältnis zueinander und körperlicher Kontakt war nichts Fremdes für uns. Doch durch den Übergang in die digitale Welt fanden diese engen zwischenmenschlichen Gelegenheiten immer weniger statt. Ebenso nahm die körperliche Nähe zwischen meinem Vater und meiner Mutter weiter ab, da mein Vater die digitalen Frauen für sich entdeckte.
Er konnte sich jetzt einfach einen Porno anschauen, anstatt mit meiner Mutter schön Essen zu gehen.
Ich tat es ihm gleich und bemühte mich erst gar nicht, ein Mädchen in der Realität kennenzulernen und sie zu fragen, ob sie mit mir ausgehen möchte.

Der Absturz (12-18 Jahre)

Das TV-Verbot bei uns zu Hause wurde aus mir heute unerklärlichen Gründen aufgehoben und meine Schwester und ich konnten nun ungestört fernsehen.
Dies ging eine Zeit lang gut, bis ich eines Tages morgens sehr früh aufwachte und es mir langweilig war. Mein Gehirn kannte ja den Weg, den es gehen musste, wenn dies der Fall war. Also ging ich ins Wohnzimmer und schaltete den Fernseher ein.

Ich zippte durch das Programm und blieb auf Sport1 hängen. Dort wurde Poker gespielt, was ich sehr interessant fand und deswegen eine Weile lang zuschaute.
Doch irgendwann kam eine Werbung, wie es bei jeder TV-Sendung der Fall ist. Diese Bilder hatten es in sich und katapultierten mich noch tiefer in die Sucht. Es waren zwar nur Werbungen für gewisse Sexhotlines, doch die darin präsentierten Brüste hatten ausgereicht, dass ich nicht mehr aufhören konnte, sie zwischen den Pokerrunden anzuschauen.

Doch mit der Zeit wollte ich mehr, genau wie damals beim Porno. Also setzte ich meine Suche fort und fand irgendwann heraus, dass wenn ich morgens noch früher aufstand, ich richtige Pornos auf Sport1 zu sehen bekam.

Dieser morgendliche Pornokonsum über Wochen hinweg zerstörte mich und mein Leben komplett.

Wissen: Ein Orgasmus durch Pornokonsum sorgt für einen starken Ausstoß an Dopamin. Erlebnisse wie Freunde in der Schule treffen oder einen guten Test absolvieren, lösen hingegen nur schwache Dopamin-Stöße aus. Das heißt, dass kleine Dinge im Leben nicht mehr so attraktiv sind, weil du jetzt etwas kennst, das viel intensiver ist und dir einen stärkeren Dopaminausstoß beschert. Es ist, als hätten wir einen Tank mit hundert Litern Dopamin pro Tag. Und ein Orgasmus durch einen Porno kostet gefühlt fünfzig Liter. Jetzt bleiben aber nur noch fünfzig Liter Dopamin übrig. Und diese werden aber schon für die lebensnotwendige Dinge wie Essen usw. gebraucht.

Mit der Zeit verhält es sich wie bei einem Alkoholiker, der immer mehr Alkohol braucht, um noch eine Wirkung zu spüren.

Und genauso ist es beim Pornokonsum. Du musst immer mehr und immer härtere Pornos schauen, um die Wirkung vom Anfang zu spüren. Du stumpfst also für die realen schönen Dinge wie einen Spaziergang oder einen Sonnenuntergang ab.

*Quelle 3

Ich hatte keine Lust mehr am normalen Leben teilzunehmen und wollte nur noch meine Zeit vor dem TV oder dem Computer mit den sich bewegenden Pixeln verbringen.

Zu der Zeit meines regelmäßigen Pornokonsums, dank den Pornos auf Sport1, kaufte mein Vater einen Computer. Dies stellte zu der damaligen Zeit ein besonderes Ereignis dar, da noch nicht jede Familie einen PC besaß. Dieser PC und die damit verbundenen Spiele brachten mich an den Rand des Abgrunds.

Pornos alleine hatten mich schon völlig willenlos und motivationslos gemacht. Doch zusätzlich uneingeschränkt vor dem PC zu sitzen, um sogar mit den sich bewegenden Pixeln interagieren zu können, ruinierte mich völlig.
Mein Gehirn war durch das zusätzliche Gaming vollständig in die digitale Welt übergegangen.

In der Schule redete ich ständig mit Klassenkameraden über Computerspiele und welche Erfolge ich darin erreichen konnte und bereits erreicht hatte.

Erfolge im echten Leben, wie eine gute Note oder etwas Produktives herzustellen, spielten keine Rolle mehr.

Ebenso interessierten mich Mädchen nicht in dem Maße, wie es im Alter zwischen zwölf und sechzehn normal ist.

Mein Gehirn ging in die digitale Welt über und ich war verloren.

Es war die perfekte Matrix und manche meiner Kumpels und ich bemerkten nicht, dass es ab jetzt kaum noch einen Weg zurückgab.

Während dieser Zeit saß ich im Unterricht meistens regungslos da, wenn ich mich nicht gerade mit Kumpels über Computerspiele unterhielt.

Meine Lehrer bemerkten dies, da ich zuvor rege am Unterricht teilgenommen hatte und forderten mich auf, wieder aktiv mitzuarbeiten, da ich sonst das Klassenzimmer zu verlassen habe.

Ebenfalls reagierte ich im Umgang mit anderen sehr gereizt, da ich von nun an ein Junkie war.

Auf normale soziale Konversationen hatte ich keine Lust, da diese für mich nicht reizvoll genug waren.

Mein sozialer Abstieg begann, da ich nur noch gereizt durch die Welt lief und auf den nächsten Schuss visuellen Heroins wartete.

Ich flog in der siebten Klasse von der Schule und musste mir in einer anderen Schule neue Freunde suchen.
Dies war jedoch nicht leicht, da ich noch immer ein Abhängiger war und normale Konversationen für mich nichts Erstrebenswertes darstellten.

So begann die neue Schulzeit genau am selben Punkt, an dem die alte endete!

Von den Mitschülern gemobbt – weil ich mich asozial verhielt.
Und von den Lehrern gemobbt – weil ich nicht am Unterricht teilnahm.

Mit sechzehn Jahren zogen meine Familie und ich in ein etwas größeres Dorf.

Dort angekommen, hatten wir zum ersten Mal einen Internetzugang, welcher mich noch tiefer in die Hölle hinabsteigen ließ.

Zum ersten Mal in meinem Leben entdeckte ich nun die Highspeed-Onlinepornografie mit unendlich vielen Frauen zur Auswahl.

Es war das Paradies auf Erden und ich dachte, dass sich so der Himmel anfühlen müsse.

Zusätzlich konnte ich von nun an mit meinen Kumpels übers Internet zocken und interagieren.

Die Matrix 2.0 war geboren und ein zukünftiger Besuch in einer psychiatrischen Einrichtung vorprogrammiert.

Über Jahre hinweg konnte ich nun täglich zocken und masturbieren, so viel ich wollte.
Die erste Matrix, bestehend aus Computerspielen und Pornos im TV, wurde nun verbessert, indem ich sogar mit Kumpels online sprechen und zocken konnte.

Irgendwann kam mein erstes Handy mit WhatsApp dazu und ich war von nun an überhaupt nicht mehr dazu gezwungen, in die Realität zu gehen.

Ab diesem Zeitpunkt konnte ich alle Dinge wie Kommunikation, Sex und gemeinsame Unternehmungen (Zocken) online erledigen.

Ab und zu ging es für mich dennoch nach draußen, da der Freund meines besten Kumpels sozial sehr stark aktiv war und dieser uns mit in die Stadt nahm.
Wir tranken meist bei irgendjemandem zu Hause vor, um später in die Innenstadt zu gehen.

Die Abende waren für mich bereichernd, da ich so eine Abwechslung zu meiner Welt als Abhängiger hatte.

Einmal waren wir in einer Bar, ich war ziemlich betrunken und starrte nur die gegenüberliegende Wand an.
Plötzlich kam ein Mädchen, nahm mich an der Hand und führte mich nach draußen. Als wir vor der Tür ankamen, setzten wir uns auf die Treppe neben der Bar und sie fing an mich zu küssen.

Ich hatte mit allem gerechnet, aber niemals mit solch einer Aktion.
Mein Gehirn war über die Jahre der Masturbation und dem Konsum der Pornos nur auf sich selbst konditioniert und konnte mit solch einer zwischenmenschlichen Berührung kaum etwas anfangen.
Es war wunderschön, aber das Gefühl der Zweisamkeit war für mich fremd.

Bisher hatte ich mich nur selbst während der Masturbation berührt und eine intime Interaktion mit einem anderen Menschen hatte zu keinem Zeitpunkt stattgefunden.

Diesem Mädchen bin ich bis heute dankbar, da sie mir damals zeigte, dass es dort draußen noch etwas Schöneres als die Liebe nur mit sich alleine gibt. (*Wenn man da überhaupt von Liebe sprechen kann!)*

Leider brach ich die Knutscherei an dem Abend irgendwann ab und meinte, dass ich nun nach Hause gehen müsse.

Aus heutiger Sicht war das ein großer Fehler. Vielleicht hätte eine Beziehung zu diesem Mädchen meine Zukunft retten können.

Ich hätte mit ihr vermutlich ein normales Verhältnis zur Sexualität entwickeln können.
Doch mein Gehirn war bereits schon zu diesem Zeitpunkt voll von der Droge Pornografie vereinnahmt, sodass es überhaupt erst gar nicht dazu kam.

Tage später traf ich sie wieder in der Stadt und wir freuten uns, einander zu sehen. An diesem Abend fragte sie mich, ob ich heute mit ihr nach Hause gehen wolle. Ich verneinte, da ich ja schließlich in einer Beziehung mit den Porno-Frauen war.
Der Freund meines besten Kumpels hielt mich damals für den größten Idioten, da ich mir diese Chance entgehen ließ.

Kein normaler Mensch würde ein solches Angebot ausschlagen. Doch ich war innerlich völlig verdreht und konnte die Realität nicht sehen, da mein Körper und Geist schon vor Jahren in die digitale Welt übergegangen war.

Die einzige Chance, mein Gehirn richtig zu verknüpfen, die mir damals von diesem Mädchen in meinem Leben als Abhängiger gegeben wurde, schlug ich aus und somit war keine Rettung mehr in Sicht.

Aber hey, damals hatte ich das Mädchen sofort vergessen, da zu Hause meine Online-Frauen auf mich warteten und mich prächtig ablenkten.

Gerade wenn ich diese Zeilen schreibe und es mich an diese Zeit erinnert, kommt ein ungutes Gefühl in mir hoch und ich wünsche mir, dass ich anders reagiert hätte.

Aber ich konnte in dieser Phase meines Lebens nichts dafür, da ich mehr oder weniger zur ersten Generation gehörte, die mit der Highspeed-Pornografie durch das Internet aufgewachsen ist.
Heutzutage sprechen manche Menschen bereits davon, dass wir Cyborgs (halb Mensch, halb Maschine) sind.

Doch reale zwischenmenschliche Beziehungen sind extrem wichtig, da nur Kinder zustande kommen, wenn sich Mann und Frau physisch in der Realität begegnen.

Ich hingegen begegnete jahrelang nur dem Handy, Computer und Fernseher.
Doch mit Handy oder PC kann man sich »leider« nicht fortpflanzen.

Glaub mir, ich habe es über Jahre hinweg versucht und weiß, wovon ich spreche! ☺

Die zwischenmenschlichen Beziehungen sind es, die uns ein Gefühl von Geborgenheit und Angekommen sein geben, wenn wir uns in den Armen eines anderen Menschen befinden.

In der Kindheit bedeutete diese Umarmung Sicherheit und Nahrung. Und im Erwachsenenalter wollen wir das auch immer wieder haben, obwohl wir es eigentlich nicht brauchen und uns selbst ernähren könnten. Doch unser Gehirn und Körper haben es so in der Beziehung zu der eigenen Mutter gelernt und wollen dies dann auch im späteren Leben so erfahren.

Ich wollte es genauso, jedoch war ich vom Virus, genannt Porno, befallen und ging innerlich völlig zu Grunde.

Wenn dir das später im Leben bewusstwird, was du über die Jahre so alles getrieben hast und wie sich das eigene Gehirn falsch entwickelte, ist das ein Schmerz, für den du gar nicht in der Lage bist, so laut zu schreien.

Die Abwärtsspirale drehte sich durch die innerliche Vereinsamung immer schneller und schneller und so schickten mich meine Eltern zu einer ambulanten Psychotherapie in eine Jugendpsychiatrie, da ich irgendwann nicht mehr leben wollte.

Die Gespräche waren sehr hilfreich, aber die eigentliche Ursache der chronischen Motivationslosigkeit wurde nicht gefunden. Die Psychologin fragte zwar in die richtige Richtung, ob das Ganze etwas mit einem Mädchen zu tun habe.

Doch meine Antwort zu diesem Zeitpunkt war:

»Nein, hat es nicht!«, da mir nicht bewusst war, dass ich mit einer digitalen Freundin zusammen war.

Nach der Therapie ging mein Leben weiter wie bisher.

In der zehnten Klasse der neuen Schule ließen meine schulischen Leistungen wieder stark nach, da ich kaum soziale Fähigkeiten besaß und gemobbt wurde.

Mit der Wiederholung des Schuljahres wurde es ein Stück weit besser, da die neuen Mitschüler nicht so allergisch auf einen Außenseiter wie mich reagierten.

Nur dank den neuen Mitschülern konnte ich den Schulabschluss schaffen und in eine zu dem damaligen Zeitpunkt hoffentlich gute Zukunft starten.

Doch dann kam wieder ein kräftiger Absturz, als ich nach meinem Schulabschluss acht Wochen Ferien hatte.

Über den ganzen Zeitraum hinweg saß ich nur vor dem PC und bewegte mich lediglich, um aufs Klo und in die Küche zu gehen.
Einmal fuhr ich in die Stadt, da ein Teil meines PCs kaputt war und ich es ersetzen musste.

Es war eine absolute Odyssee, da sich die Muskeln in meinem Körper durch das wochenlange Sitzen abgebaut hatten und ich Probleme hatte, eine größere Strecke zu gehen. Zu diesem Zeitpunkt war ich achtzehn Jahre alt und hätte eigentlich voll im Leben stehen müssen.

Doch die perfekt geschaffene Online-Matrix hatte mich in ihren Bann gezogen und zog mich immer weiter nach unten.

Irgendwann einmal zu dieser Zeit war ich mit ein paar Kumpels in einem Restaurant. Jeder von uns saß völlig regungslos da und keiner hatte etwas zu erzählen. Eigentlich wollten wir alle nach Hause, um in unsere gewohnte digitale Welt tauchen zu können. Zu diesem Zeitpunkt wurde mir zum ersten Mal klar, dass hier irgendetwas nicht stimmte, da die eigenen Eltern ja immer so fröhlich davon berichtet hatten, wenn sie ihre Freunde oder Familien in einem Restaurant getroffen hatten.

Ich selbst spürte keine Freude, sondern nur den Drang, nach Hause in meine virtuelle Welt zu flüchten.

Mein Vater

Früher war mein Vater jemand, der die ganze Zeit aktiv war und ständig Dinge unternahm. Ihm war kein Weg zu weit, er sprühte vor Lebensenergie, war am Surfen, Motorradfahren und schraubte zu beruflichen wie auch privaten Zwecken an Autos und Motorrädern rum.
Meine Mutter erzählte mir diese Geschichten, wie er früher gewesen war, als er ohne Pornos gelebt hatte. Irgendwann hatte er sich laut ihr völlig verändert und war nicht mehr derselbe.

Unser Vater sorgte das ganze Leben für unsere Familie und wir hatten immer genug zu Essen und zweimal Urlaub im Jahr war auch drin.
Früher unternahm er viel mit uns und war immer aktiv. Wir spazierten durch den Wald und suchten Tiere, die dort leben. Am Wochenende ging es zum Schwimmen an einen See oder auf einen Ausflug.
Zusätzlich zu seiner normalen Arbeit verkaufte er noch VW-Busse und baute sie um.

Unser soziales Leben im Dorf funktionierte und wir pflegten gute Beziehungen zu den anderen Bewohnern.
Ab und zu reparierte mein Vater die Traktoren der Bauern und wir durften im Gegenzug mit unseren Motocross-Maschinen über ihre Äcker fahren.

Ich kann mich auch noch daran erinnern, wie meine Schwester und ich mit ihm Quatsch gemacht haben und es allen Spaß machte. Es war ein Familienleben, das Freude machte. Manches war vielleicht nicht perfekt, aber man konnte es sehr gut aushalten. Ebenso die jährlichen Urlaube nach Italien, Spanien und Kroatien waren immer eine tolle Zeit und wir entdeckten die Welt gemeinsam als Familie.

Der Absturz meines Vaters

Jedoch ging durch seinen Pornokonsum irgendwann das ganze Familienleben den Bach hinunter.

Früher feierten wir Weihnachten noch gemeinsam mit ihm, doch ab dem Konsum der Pornografie, fand auch dies nicht mehr statt und er ging stattdessen lieber in eine Kneipe und betrank sich. Sein Inneres konnte nicht damit umgehen, dass er eine neue Frau, genannt Porno hatte und trotzdem mit seiner alten Familie und Frau noch Weihnachten feiern sollte.
Es zerriss ihn jedes Mal und ich konnte es ihm ansehen, doch keiner von uns wusste, warum er so leidet.

Zu der damaligen Zeit hatten wir ein Haus mit zwei Wohnungen. In einer Wohnung wohnten wir und die andere Wohnung war vermietet. Irgendwann hob mein Vater die Vermietung auf und unsere Familie trennte sich. Aus heutiger Sicht weiß ich sehr genau, warum er dies getan hat. Er wollte mit seiner neuen digitalen Frau alleine sein, um so nicht mehr zwischen zwei Welten stehen zu müssen.
Dies war auch in etwa die Zeit, als ich zum ersten Mal seine Pornos hinter dem Wandregal entdeckte.

Wissen: Beim Sex mit einem anderen Menschen entstehen eine tiefe Verbindung und Vertrauen. Diese Dinge waren aus evolutionärer Sicht sehr wichtig, da es dafür sorgte, dass Menschen zusammenblieben, um ein gemeinsames Kind großzuziehen. Dies sorgte dafür, dass genug Ressourcen und Schutz für das Kind zur Verfügung standen. Dieser evolutionäre Bindungsmechanismus wurde bei meinem Vater in Verbindung mit den Pornofrauen aktiviert und sein Gehirn dachte, dass es nun eine neue Familie zu versorgen habe. *Quelle 4

Was dies für seine echte, reale Familie bedeutete, kann sich wohl jeder denken.

Wir waren außen vor und fanden keinen Draht mehr zu ihm.

Für meine Schwester, Mutter und mich fühlte sich das auch so an. Er war nun in seiner eigenen Wohnung mit seiner neuen Familie, die wir jedoch nicht sehen konnten.
Meine Mutter ließ sich das jedoch nicht gefallen und ging oft zu ihm nach oben, um das »alte« Familienleben zurückzufordern.

Er hingegen wollte sich sein neues, gut schmeckendes Leben mit vielen jungen Pornodamen nicht mehr nehmen lassen und beleidigte sie heftig.

Sein Gehirn war abhängig und es gab ab diesem Moment kein Zurück mehr für ihn.
Der Umgang in der Familie wurde immer schwieriger und gemeinsame Unternehmungen wie schwimmen gehen wurden weniger. Meine Mutter war nur noch zum Kochen und für uns Kinder da.

In »seiner« Wohnung waren wir nur, um zu essen, da sich dort die Küche befand.

Der Höhepunkt dieses neuen Lebens stellte ein gemeinsames Essen am Sonntag dar. Meistens wurde Pizza bestellt und wir saßen gemeinsam im Wohnzimmer, während der Fernseher lief.
Es wurde jedoch nicht geredet, sondern nur in den TV gestarrt. Nach dem Essen ging es für uns drei wieder nach unten in unsere eigene Wohnung, da mein Vater wieder mit seinen Pixel-Damen und seiner neuen Familie alleine sein wollte.
Ihm war nicht bewusst, was diese Pornos mit ihm machten. Er war gefangen zwischen zwei Welten und konnte sich nicht entscheiden, in welcher Welt er in der Zukunft leben möchte.

Wir waren seine Familie, hatten mit ihm all die Jahre alles gemeinsam durchgestanden und uns gegenseitig geholfen, wenn es mal irgendwo eng geworden war. Doch er war zu einer anderen Person geworden und nicht wiederzuerkennen.

Das Bad in seiner Wohnung durften wir nicht mehr benutzen, obwohl wir es zuvor jahrelang genutzt hatten. Die Pornos veränderten ihn grundlegend und machten aus einem Mann, der einmal voll im Leben gestanden war, einen Schatten seiner selbst. Auf ehemalige Freunde aus dem Dorf reagierte er mehr und mehr gereizt und machte sie sich zu Feinden.
Menschen aus der Nachbarschaft waren ihm und uns früher sehr freundlich gesinnt und hatten viel Zeit mit uns verbracht.

Mein Vater war zu Hause der Boss und wenn man so will, führte er unsere Familie wie ein kleines Unternehmen. Und als der Boss dank Pornos innerlich erkrankte, geriet unser kleines

Unternehmen, genannt Familie, in wirtschaftliche Probleme und funktionierte nicht mehr wie zuvor.

Pornos sind der absolute Horror und haben mich und meinen Vater völlig zerstört. Meine damaligen Freunde aus der Nachbarschaft bekamen von ihren Eltern zu hören, dass sie mit mir nicht mehr spielen sollten, da sie meinen Vater nicht mehr mochten.
Einmal war er sogar kurz davor, sich mit einem ehemaligen Freund zu prügeln.

Sein Inneres befand sich im freien Fall und er drehte hohl.
Ab und zu stritten sich meine Eltern so heftig, sodass mein Vater einmal vor lauter innerer Gereiztheit einen Stuhl durch eine Glastür warf und das Glas in tausend Stücke zerbrach.

Seit dem Zeitpunkt, als wir unten wohnten und ich und mein Vater Pornos konsumierten, gab es ständig die heftigsten Streitereien und es fühlte sich so an, als wäre ein Krieg ausgebrochen.

Ich glaube bis heute jedoch nicht, dass mein Vater unserer Familie etwas Böses wollte.
Hätte er gewusst, was mit ihm nicht stimmte und was ihn so zerstörte, hätte er es geändert und unsere Familie wieder in eine gute Zukunft geführt.

Mein ganzes Leben bis zu dem Alter von zwölf Jahren, als er und ich mit dem Konsum der Pornos begannen, war er der beste Vater gewesen, den man sich überhaupt nur hätte vorstellen können.

Doch diese digitale »Scheiße« ruinierte uns völlig.

Wissen: Aus evolutionärer Sicht war man der absolute Held, wenn man mit möglichst vielen Frauen geschlafen hat, um Kinder zu zeugen. Nur Königen und Anführern war dies über Jahrtausende hinweg vergönnt. Dies ist vermutlich der Grund, weshalb der sogenannte Coolidge-Effekt in unserem Körper vorhanden ist. Dieser Effekt sorgt dafür, dass wir auf einer Welle an Dopamin surfen, wenn wir immer wieder mit einer neuen Frau schlafen. Eroberer wie Dschingis Khan usw. konnten dies über Jahre hinweg tun und sich so auch im Außen als totale »Herrscher« aufführen. Mein Vater jedoch war kein König oder Anführer, er war ein Mensch wie jeder andere. Doch die unzähligen Frauen in den Pornos und die damit verbundene Welle an Dopamin und Überheblichkeit ließen ihn dies glauben. Somit agierte er im Außen, als wüsste er alles besser und als könne ihm niemand das Wasser reichen. Dies ließen sich die anderen in unserem Dorf natürlich nicht gefallen und schlossen uns aus. Keinerlei Kommunikation zwischen uns und den meisten anderen fand mehr statt. Meine Mutter und meine Schwester litten unter diesem Umstand am allermeisten, da sie keine Pornos konsumierten und eigentlich nur wollten, dass die Familie funktionierte und wir wieder eine gute Zeit miteinander hätten.

*Quelle 5

Meine Mutter schaute so gut wie nie TV, außer wenn sie am Wochenende beim gemeinsamen Pizzaessen indirekt dazu gezwungen wurde.

Sie litt sehr und versuchte, die Familie zusammenzuhalten, da sie das Geld meines Vaters, als etwas betrachtete, das uns Kindern eine gute Zukunft bescherte.

Das Problem mit dem Pornokonsum meinerseits und meines Vaters konnte sie aber nicht lösen. Auch wenn sie sich noch so sehr anstrengte und auf mich und ihn einredete.

Sehr oft brach sie in Tränen aus, weil sie nicht mehr weiterwusste.

Die Droge Porno war zu stark, unsere Familie verloren und der soziale Abstieg vorprogrammiert.

Dank des Umstandes, dass wir mit unseren Mitmenschen nicht mehr so gut klarkamen, verließen wir das Dorf und zogen in ein größeres.

Dort wohnten wir zu Beginn zu viert mit Hund in einer Wohnung auf circa hundert Quadratmetern.

Diese Zeit war ziemlich schwierig, da unsere Abhängigkeit für keine gute Stimmung während des Zusammenlebens sorgte. Mein Vater schlief die meiste Zeit im Wohnzimmer mit seiner Pornofrau alleine und wir drei verteilten uns auf die anderen Zimmer.

Es war wieder die gleiche räumliche Aufteilung wie zuvor in unserem Haus mit den zwei Wohnungen. Er wohnte im Wohnzimmer mit angeschlossener Küche, die nur über das Wohnzimmer zu erreichen war.
Und abends, ab einer gewissen Uhrzeit, durfte man nicht mehr ins Wohnzimmer und in die damit verbundene Küche gehen.

Seine neue Partnerin, genannt Porno, wollte auch Zeit mit ihm verbringen und präsentierte ihm jeden Tag neue hübsche junge Damen.

Ab und zu war die Szenerie völlig verrückt, wenn meine Mutter, Schwester und ich hinter dem Sofa am Esstisch saßen, er auf dem Sofa lag und wir alle zusammen TV schauten. Es war, als wolle er, dass wir seine Pixel-Freundin kennenlernen und dann ganz von alleine aus seinem Leben verschwinden.

Doch diesen Gefallen taten wir ihm nicht, da wir noch immer hofften, dass das alte Familienleben irgendwann einmal wieder zurückkehren würde.

Doch der Zug war endgültig abgefahren!

Es wurde stattdessen schlimmer, da mein Vater wie auch ich Zugang zur Online-Highspeed-Pornografie bekamen.

Ab diesem Zeitpunkt glich unser Familienleben dem einer völlig verrückten Familie.

In einer Familie mit zwei Heroinabhängigen müssen wohl ähnliche Zustände herrschen.

Zwei dieser Familie gönnen sich ständig und der Rest der Familie muss sich um alles kümmern.

Normalerweise führt so eine Situation zur Trennung, um wieder in eine gute Zukunft starten zu können.

Doch mein Vater konnte einfach nicht von uns loslassen und wir nicht von ihm.

In ihm waren zwei Teile vorhanden, die jeweils in unterschiedliche Richtungen gehen wollten.

Der eine Teil sagte, dass wir seine Familie seien und er sich doch nicht von uns trennen könne. Und der andere Teil wollte sich am liebsten Pornos gönnen, ohne ständig irgendwelchen Verpflichtungen für die Familie nachkommen zu müssen.

Sein Pornokonsum sorgte für die merkwürdigsten Situationen, die man sich überhaupt nur vorstellen kann.

Irgendwie suchte er ja die Nähe zu seiner Frau und zu seinen Kindern, aber irgendwie auch nicht, da er seine Nähe vorrangig den Pornos schenkte. Somit war das Zwischenmenschliche ein ständiger Spießrutenlauf und wir konnten kaum noch mit ihm reden, da sein Gehirn in zwei Welten zwischen realer und digitaler Welt unterwegs war.
Gefühlt war es so, als wären wir in seinem Leben nicht mehr willkommen und das sollten wir am besten selbst herausfinden.

Die einzige Person, die sich mit allen Familienmitgliedern wirklich gut verstand, war unser Hund Leo, der jedem von uns Nähe in Form einer Streicheleinheit schenkte.

Einmal wollte er nach einem Spaziergang nicht mehr in unsere Wohnung gehen, als würde dort drin ein Monster hocken.

Selbst unser Hund war somit indirekt vom Pornokonsum meines Vaters und mir betroffen, weil er die Stimmung in unserer Wohnung nicht mehr aushielt.

Pornos betreffen jeden, da die anderen die Abhängigen unterstützen müssen, damit sie ein normales Leben führen können.

Meine Mutter tut mir aus heutiger Sicht sehr leid, da sie am allermeisten unter unserem missbräuchlichen Konsum von Pornografie litt und nichts dafürkonnte. Zehn Jahre lang musste sie leiden, bis es endlich zu einer Trennung kam.

In dieser schlimmen Zeit musste sie mit einem Mann zusammenleben, der ihr nichts als emotionale Kälte gab.

Erst 2014, als zuerst ich und kurz danach meine Schwester ausgezogen waren, reichte sie die Scheidung ein.

Ich bin fest davon überzeugt, dass wenn er damals mit einer realen neuen Frau zusammen gewesen wäre, hätte er sich scheiden lassen und meine Mutter hätte nach einer gewissen Zeit ihren Frieden finden können.

Doch die zehn Jahre des Leidens waren die absolute Hölle für sie.

Einmal brachte sie Pizza mit nach Hause und fragte ihn, ob er eine Pizza haben wolle. Er meinte zu ihr, dass sie den Scheiß selber fressen könne!

Der jahrelange Konsum der Pornografie hatten aus ihm ein Arschloch gemacht.
Früher war er nicht so gewesen und hätte so etwas niemals zu ihr gesagt.

Doch sein Gehirn war durch die Droge Porno völlig verändert und nicht mehr zu einer vernünftigen Kommunikation imstande.

Sein Gehirn hatte sich über die Jahre der Masturbation und des Konsums mit den Pornos verbunden. Er wusste damals aber noch nichts davon und meinte nur manchmal zu mir, ob ich ihm helfen könne, seinen PC wieder von den Viren zu befreien. Daraufhin erwiderte ich, dass er nur auf seriösen Seiten Pornos schauen solle. Er bestritt, dass er dies überhaupt tun würde, obwohl ich in seinem Browserverlauf sehen konnte, auf welchen Seiten er unterwegs gewesen war.
Keiner von uns beiden stellte den Konsum der Pornos überhaupt in Frage.

Aber jeder von uns war am Abgrund und hatte kaum noch Energie für das normale Leben. Ihm erging es ähnlich wie mir, jedoch hatte er noch ein bisschen mehr Energie, da sich sein Gehirn die meiste Zeit im Leben noch vernünftig entwickelt hatte (siehe Gehirnpyramide nächstes Kapitel).

Nichtsdestotrotz gab es kein Hallo oder Tschüss von ihm, wenn wir nach Hause kamen oder das Haus verließen. Er war inzwischen voll und ganz in die digitale Welt mit den schönen jungen Frauen im Internet übergegangen.
Pornos sind die Hölle und es gibt kaum ein Entkommen, wenn man zu tief drinsteckt.

Mein Vater war ein erwachsener Mann, als er mit circa fünfundvierzig Jahren mit Pornos in Berührung kam.

Selbst Männer im hohen Alter können von Pornos zerstört werden.

Er und ich waren verloren und keiner von uns beiden wusste dies, da die Droge Porno zu gut schmeckte und der Moment des Höhepunkts unbeschreiblich schön war.

Gehirnpyramide

Wissen: Das Gehirn ist wie eine Pyramide aufgebaut und am Anfang unseres Lebens sind sehr viele Veränderungen möglich. Dies spiegelt die Breite des Fundaments wider und je weiter wir die Pyramide und das Alter nach oben gehen, desto schwieriger ist es im Alter, das Gehirn noch einmal grundlegend neu zu verknüpfen. Pornos hingegen schaffen dies, da sie einen Schlüssel zu dem Bereich in unserem Gehirn haben, der für die Fortpflanzung zuständig ist. Auf diesen Bereich in unserem Gehirn können wir mit unserem normalen Bewusstsein nicht zugreifen. Nur dem Orgasmus ist es möglich, auf diesen Bereich zuzugreifen, um dort Veränderungen vorzunehmen da er aus evolutions-technischer Sicht entscheidend war die Gene weiterzugeben. *Quelle 6

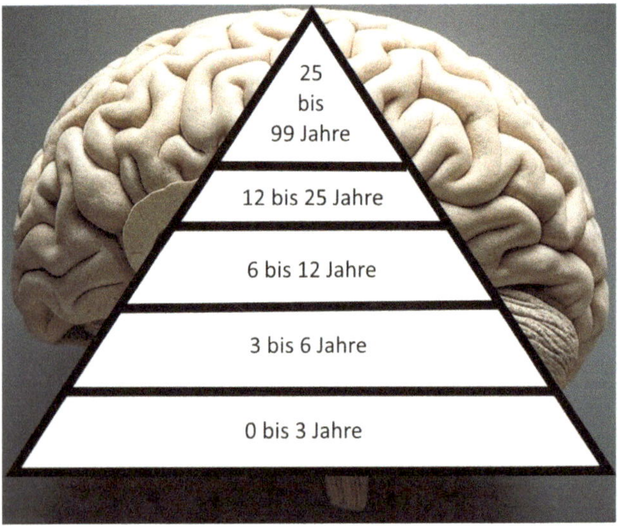

*Dies ist nur eine exemplarische Darstellung und zeigt nicht die tatsächliche Neuroplastizität in Abhängigkeit des Alters.

Pubertät

Wissen: Die Pubertät ist eigentlich die Zeit, in der wir uns sehr stark entwickeln und uns zum ersten Mal so richtig zum anderen Geschlecht hingezogen fühlen. Ebenfalls entwickelt sich in dieser Zeit die soziale Kompetenz, um in einer Gesellschaft bestehen zu können. An mir ging diese Zeit größtenteils vorüber, da sich mein Gehirn nicht dem sozialen Druck der Gesellschaft aussetzen musste, um eine Freundin zu bekommen. *Quelle 7

Plötzlich jedoch fand ich in der Pubertät ein Mädchen sehr interessant und hatte keinen Plan, wie das mit dem Anquatschen gehen sollte, da ich diese Fähigkeit nicht entwickelt hatte. Irgendwann bereute ich es sehr, diese Fähigkeit nie entwickelt zu haben. Vor allem, als es eines Tages um die Planung meines Geburtstages ging. Ich saß mit meinem Freund in der Bücherei und überlegte, wen ich einladen sollte.

Das Mädchen, auf das ich damals stand, war am Nachbartisch und hörte zu, wie wir über meinen Geburtstag redeten. Und als es um die Einladungen ging, meinte sie, dass sie auch gerne kommen würde. Ich reagierte nicht auf ihre Worte, da ich damals viel zu schüchtern war und nicht wusste, wie ich mit ihr sprechen sollte. Ebenfalls war ich schon zu diesem Zeitpunkt von der Droge Porno besessen und wollte tief in mir drin überhaupt keine Beziehung eingehen, weil dies meiner Partnerin Porno nicht gefallen hätte.

Wissen: In der Pubertät findet die Ausreifung der Geschlechtsorgane statt und während der Pubertät entwickelt sich eine andere Wahrnehmung der Realität. Diese veränderte Wahrnehmung hat nun eine größere Gewichtung auf die sexuelle Anziehung zum anderen Geschlecht. Bei mir jedoch lenkte sich diese Wahrnehmung dank Pornos voll und ganz auf die sexuelle Anziehung zur Selbstbefriedigung mit Erotikfilmen. Im echten Leben versuchte ich, einen richtigen sozialen Umgang zu lernen. Doch mein digitales Ich funkte ständig dazwischen und sagte meinem Unterbewusstsein, dass es eine Partnerin habe und ebenfalls sehr erfolgreich in Computerspielen mit vielen Goldstücken sei. Durch diese digitale Matrix in meinem Kopf war keinerlei Druck meinerseits von Nöten, um irgendetwas an der Situation zu ändern.
Unser Gehirn hat sich über die Jahrtausende der Evolution durch sozialen Druck von außen entwickelt. Wer früher nicht darauf hörte, was andere Stammesbewohner zu ihm sagten, hatte einen sehr schweren Stand und riskierte es, aus der Gemeinschaft ausgeschlossen zu werden. Für die meiste Zeit unseres Daseins als Menschen auf der Erde kam dies einem Todesurteil gleich, da es fast unmöglich war, einen neuen Stamm zu finden. Die Pornografie erlaubte es mir hingegen, dass ich mich diesen ganzen evolutionären Mechanismen nicht unterwerfen musste.

*Quelle 8

Mit Frauen kommunizieren musste ich ja nicht, da der Konsum von Pornos keine Kommunikation erforderte. Meine Frisur machen, gut gekleidet sein, gut riechen, intelligent sein und Selbstbewusstsein haben, war den Online-Frauen auch egal.
Für sie musste ich nur in ein Pixel-Gerät schauen und konnte dadurch mit ihnen tun und lassen, was ich wollte.

Jegliche soziale und persönliche Entwicklung war für den Konsum von Pornos nicht von Nöten.
Keinerlei soziales Miteinander mit den anderen Schülern und Lehrern existierte in meinem Kopf. Lehrer und Schüler wollten größtenteils nichts mehr mit mir zu tun haben, da ich Lehrer während des Unterrichts auslachte oder völlig ignorierte.

Wissen: Die Entwicklung unseres Körpers ist ein hochkomplexes Zusammenspiel und kann durch eine Störung wie durch Pornos völlig aus dem Gleichgewicht geraten. Die Pubertät und die damit verbundene Gehirnentwicklung finden nur einmal im Leben zu einem gewissen Zeitpunkt statt. Es gibt keine zweite Chance, um die Pubertät nachzuholen. Dieser Entwicklungsdruck, der während dieser Zeit herrscht, ist einmalig und sorgt für ein Gehirn mit einer sozialen Ausprägung und einer Anziehung zum anderen Geschlecht. Ohne diese Entwicklung würde unsere Gesellschaft vermutlich nicht funktionieren, wie sie aktuell noch funktioniert. Nur wenn wir das wunderschöne Gefühl eines Orgasmus vom anderen Geschlecht bekommen können, sind wir dazu bereit, alles zu tun, was diese Person von uns fordert. Somit müssen wir uns also gedanklich in andere Menschen hineinversetzen, um zu verstehen, wie sie denken, damit man mit ihnen in Kontakt kommt.
Wenn dies jedoch durch Pornos und Masturbation ausgehebelt wird, hat man auch keinen Grund, sich in andere Menschen hineinzuversetzen und nachzudenken, wie es ihnen geht. Dies ist mir ab dem Konsum von Pornos passiert und meine Pubertät hat sich nicht wie normal entwickelt.
In sozialen Begegnungen reagierte ich aggressiv und unbeholfen. Das war auch der Grund, warum Freunde sich von mir abwandten und ich mich noch mehr in die digitale Welt des Pornos und des Zockens zurückzog.

*Quelle 9

Langfristige Ziele

Während meines Lebens als Pornoabhängiger hatte ich keine langfristigen Ziele.

Zu Kindergartenzeiten und in der Grundschule wollte ich noch Kapitän werden, doch ab Beginn der Pornosucht waren diese Gedanken, wie auch viele andere, verschwunden. Innerlich stellte sich eine gewisse Depression ein und ich fragte mich sehr oft während des Unterrichts, warum ich mir diesen Stress überhaupt antue.

Keinerlei Zukunftsgedanken waren vorhanden!

Es war, als hätte man mir mit zwölf den Stöpsel der Badewanne voller Lebensenergie gezogen.

Pornos in diesem Alter zu konsumieren, ist purer Selbstmord, da ich mir innerlich ab dem Konsum dachte, warum ich mir das alles antue, wenn ich doch schon alles aus Fortpflanzungssicht gesehen habe. Mein Gehirn dachte wirklich, dass es sich mit den schönsten Frauen der Welt im Porno bereits fortgepflanzt hätte. Die Realität sah jedoch ganz anders aus und ich war ein verängstigter, zielloser und motivationsloser Jugendlicher.

In mir drin hingegen war ich der Größte und fühlte mich wie Dschingis Khan.

Wissen: Es gibt eine Studie der Charité Berlin bezüglich Pornokonsum und den Auswirkungen auf das Gehirn. Ein Bereich im Gehirn, der für die langfristige Zielerkennung zuständig ist, ist bei Pornosüchtigen wesentlich weniger aktiv und unterentwickelt. *Quelle 10

Der Grund dafür ist ganz einfach!

Für eine Frau im Porno musst du nicht genug Geld haben, gut aussehen oder besonders intelligent sein. Das reale Leben hingegen fordert dies von dir, da sich eine Frau nur langfristig auf einen Mann einlässt, wenn dieser ihr auch etwas bieten kann. Für Pornos hingegen musst du nur ein internetfähiges Gerät besitzen.

Dies ist fatal, da ich so lernte, dass ich mich für die Fortpflanzung nicht anstrengen muss.

Vertrauen

Im normalen Leben brauchen wir Vertrauen, um stabile Beziehungen eingehen zu können. Manchmal benötigt es einen Vorschuss an Vertrauen, um eine Sexualbeziehung oder Geschäftsbeziehung eingehen zu können. Wenn wir jedoch von Pornos abhängig sind, lernen wir nicht, jemand anderem zu vertrauen. Wir lernen lediglich einem Plastikteil in Form von TV, Computer oder Handy zu vertrauen.

Auf lange Sicht hilft uns das nicht besonders weiter, da wir nur Inhalte zu sehen bekommen, die uns durch ein Kunststoffteil präsentiert werden.

Reale Gefühle wie Liebe und Zuneigung werden in Filmen und in der Werbung dargestellt. Und wenn wir diese anschauen, sind wir wieder in der Beobachter-Position genau wie beim Konsum der Pornografie.

Wenn im Film z. B. ein Paar gezeigt wird, wie es heiratet und gemeinsam durch das Leben geht, schauen wir nur dabei zu und können selbst nicht interagieren. Nur im echten Leben können wir selbst aktiv werden und handeln.
So lernten wir dies auch als Kind in der Kindheit kennen, in dem wir alle möglichen Dinge mit Händen und Füßen ausprobierten.

Wissen: Und dieser Bewegungsmangel, dank des ständigen Pixel-Konsums, führt zu Schäden in der Gehirnentwicklung. Die ersten Jahre in unserem Leben hatten vorrangig mit Bewegung zu tun. Laufen lernen, Lippen bewegen und sprechen. Doch wenn wir uns dann irgendwann nicht mehr richtig bewegen, erkrankt unser Gehirn. Und wenn wir dann nur noch regungslos vor einem Gerät sitzen, meldet sich irgendwann unser inneres Kind zu Wort und rebelliert. Dies ist schön zu beobachten, wenn Eltern mit Kindern, die eigentlich nur vor dem TV sitzen, zum Einkaufen oder in ein Restaurant gehen. Die Kinder drehen völlig durch, rennen ständig herum und hören auf kein Wort. Ihr Körper sagt ihnen, dass sie jetzt in der kurzen Zeit die ganze Bewegung nachholen müssen, die sie zu Hause durch das ständige Sitzen vor dem TV nicht hatten. Man muss es sich vorstellen, wie jemand, der über einen längeren Zeitraum kaum etwas zu Essen hat und dann auf einmal sehr viel Essen (Bewegung) bekommt. Er stopft sich natürlich voll und kann gar nicht genug davon haben. Und unsere Gesellschaft ist so aufgebaut, dass wir in der Schule über mehrere Stunden hinweg stillsitzen müssen, um komplexe Inhalte zu verinnerlichen. Dies ist der Erfolg unserer heutigen Welt und dem damit verbundenen technologischen Fortschritt. Diese Gewohnheit ist jedoch sehr schädlich, wenn wir nur noch vor Computer und TV sitzen, um sinnlose Inhalte zu konsumieren.

*Quelle 11

Nehmen wir hingegen selbst an einem Fußballspiel oder an einem Survival-Camp teil, stärkt dies unser Vertrauen in die Welt und in die Mitmenschen um uns herum.
Schauen wir jedoch diesen Menschen lediglich nur bei diesen Aktivitäten zu, stellt sich ein Gefühl der Unzufriedenheit in uns ein.

Streitereien und Konflikte, in die du beispielsweise selbst verwickelt bist und durch die du lernen musst, diese zu lösen, bringen dich weiter.

In der Pixelwelt hingegen kannst du nur zuschauen und musst keine eigenen Konfliktlösungsstrategien entwickeln.

Eine echte Berührung oder Begegnung kann einen Streit oder Konflikt in nur wenigen Augenblicken lösen, indem wir uns umarmen oder tief in die Augen schauen und miteinander reden.

Dabei merken wir sofort, dass unser Gegenüber gar keine bösen Absichten hatte und es ihm leidtut. In der virtuellen Welt ist dies nicht sofort zu erkennen, da wir die Person am anderen Ende der Leitung nicht sehen und fühlen können. Wir haben nur sich bewegende Pixel vor uns, die ein Abbild der anderen Person auf ein Plastikteil projizieren.

Dieser Projektion vertrauen wir mit der Zeit mehr und mehr und denken, dass sich dahinter eine echte Person in Form von Freunden oder Familie via Facetime und Chat verbirgt.
Leider stimmt dies nur bedingt, da wir in erster Linie mit einem Plastikteil kommunizieren.

Viele Dinge, die wir heutzutage benötigen, befinden sich auf unserem Smartphone. Wichtige Kommunikationen mit unseren Familien und Freunden oder Angelegenheiten aus dem Berufsleben bis hin zur Online- Pornografie.

Wissen: Und wenn wir zu früh mit dem Handy in Kontakt kommen, bevor wir überhaupt ein richtiges Vertrauen – durch Berührungen in der Pubertät und darüber hinaus – gelernt haben, kann es zu schweren Schäden im Gehirn kommen.

*Quelle 12

Vertrauen und

Sexuelle Anziehung

Die sexuelle Anziehung sorgt dafür, dass wir einem anderen Menschen ganz nah sein wollen, um mit ihm eins werden zu können. Das klingt kitschig, aber im Endeffekt ist es genau dies, wenn wir mit einem anderen Menschen schlafen und einen Orgasmus haben. Nur in diesem Moment, der tiefsten Verbundenheit, entsteht echtes Vertrauen zu anderen Menschen. Zu vertrauen heißt, dich z. B., während dem Sex dem anderen völlig nackt hinzugeben und darauf zu vertrauen, dass du nicht abgelehnt wirst. *Quelle 13

Im Virtuellen hingegen musste ich nur dem Fernsehgerät, Computer oder Smartphone vertrauen. Und diese Geräte können einen nicht ablehnen oder auslachen. Sie haben keine Stimmungsschwankungen und sind immer zum „Sex" bereit. Im echten Leben hingegen müssen wir auf die Gefühle eines anderen Menschen achtgeben und uns auf diesen einlassen. Wenn es dieser Person schlecht geht oder sie völlig erschöpft ist, kann sie nicht einfach wie bei einem Porno angeschaltet werden, damit du einen Orgasmus bekommst. Mein Gehirn hingegen lernte über Jahre hinweg das genaue Gegenteil. Nämlich dass es keiner sozialen Komponente bedarf, um an das tolle Gefühl des Orgasmus zu kommen. Dies ist fatal, da wir im Leben diese sozialen Kompetenzen benötigen, um voranzukommen. Ohne diese sozialen Kompetenzen wie Vertrauen, wird es sehr schwer im Leben, da wir in einer Gesellschaft voller Vertrauen und Zusammenarbeit (Globalisierung) leben.

Vertrauen und Hormone

Ein großes Maß an Vertrauen sorgt dafür, dass unser Hormonhaushalt in Verbindung mit Oxytocin gesund ist.

*Quelle 14

Bei mir hingegen konnte dieses Vertrauen nicht aufgebaut werden, da dies mit einem künstlichen Gerät wie Computer oder Smartphone nicht möglich ist.
Einen Computer oder ein Smartphone kann man nicht umarmen oder sonstige körperliche Nähe aufbauen. Und dadurch fehlte mir auch eine gesunde Regulierung des Hormonhaushaltes in Verbindung mit Oxytocin. Ebenfalls sind Dinge wie ein Gespräch oder jemandem in die Augen schauen beim Konsum von Pornos nicht vorhanden. Pornos töteten meine innere Gefühlswelt und ließen mich zu einem anderen Menschen werden.

Gänzlich ohne Zuneigung und Berührungen im Leben zu anderen Menschen geht es nicht und du musst sie irgendwie kompensieren.
Zum Glück wünschte sich meine Schwester irgendwann einen Hund und bekam diesen nach einer gewissen Zeit geschenkt.

Leo

Leo war ein Golden-Retriever, welchen wir als Welpen um das Jahr 2002 herum, bekamen und der von nun an bei uns aufwuchs. Er war der beste Hund, den man sich überhaupt hätte vorstellen können. Verschmust und total verspielt, so wie Golden Retriever eben sind. Er war über Jahre hinweg die einzige Konstante, die alle Familienmitglieder miteinander verband.
Anstatt eines Körperkontakts zwischen uns in Form einer Umarmung, streichelten mein Vater und ich manchmal Leo, um dadurch den fehlenden Körperkontakt zu kompensieren.
Meine Mutter und Schwester hingegen umarmten sich hin und wieder und konnten sich dadurch psychisch stabil halten.
Ohne Leo wäre unsere Familie wahrscheinlich sehr viel schneller auseinandergebrochen. Doch Leo stabilisierte das familiäre Gefüge und sorgte dafür, dass jeder von uns Momente des Glücks hatte. Es ist verrückt, dass Pornos meinen Vater und mich zu Menschen machten, die den zwischenmenschlichen Kontakt scheuten, da unsere Gehirne die Sexualität mit der Pornografie ausübten.
Hast du die Sexualität jedoch in der Realität mit einer echten Frau, musst du dir überhaupt erst gar keine Zuneigung in Form von Streicheleinheiten mit einem Hund suchen.
Das klingt echt komisch, aber ich habe dies schon bei anderen Pornoabhängigen beobachtet, dass sie ihr Bedürfnis nach Zuneigung über das Streicheln eines Hundes oder einer Katze stillten.

Körperliche Nähe

bedeutet Existenzsicherung

Wenn wir als Baby auf die Welt kommen, fehlt uns plötzlich die vertraute Wärme und der körperliche Kontakt. Diese Dinge hatten wir zuvor neun Monate lang im Mutterleib und haben uns daran gewöhnt. Nun fehlen sie uns und wir fangen an zu schreien. Dieses Schreien signalisiert einen Mangel und lässt die Mutter das Baby instinktiv auf ihren Bauch legen und später an der Brust saugen. *Quelle 15

Was ich damit sagen möchte, ist, dass wir im Mutterleib und nach der Geburt in einem ständigen körperlichen Kontakt zu einem anderen Menschen standen. Unser Gehirn lernte damals, dass körperlicher Kontakt und die Versorgung durch die Nabelschnur und Mutterbrust unsere Existenz sichert.
Diese Nähe und Berührungen wollen wir deswegen das ganze zukünftige Leben haben, weil wir denken, dass es unsere Existenz sichert. *Quelle 16

Kinder, die beispielsweise hinfallen und vor Schmerzen schreien, bekommen eine Umarmung und manchmal einen Kuss auf die Wunde. Diese Zuneigungen und Berührungen sorgen dafür, dass sich unser »Baby-Gehirn« beruhigt und denkt, dass die Existenz gesichert ist.
Dies kann man sehr eindrucksvoll beobachten, wenn sich das Kind kurz nach der Berührung beruhigt und aufhört zu weinen.

Man muss verstehen, dass aus Sicht eines Kindes ein Schmerz eine ernste Angelegenheit ist, da es noch nicht unterscheiden kann, ob die Verletzung lebensbedrohlich ist oder nicht.
Nur mit fortgeschrittenem Alter lernt das Kind, was bedrohlich ist und was nicht.
Und selbst als Erwachsener sind wir noch immer Abhängige von diesen Berührungen.
Vielleicht nicht mehr in dem Maße wie früher als Kind oder als Baby. Doch ab und zu tut es uns sehr gut, eine Berührung zu erfahren.

Für viele Männer hingegen ist diese Berührung und Zuneigung mit dem Sexualakt verbunden, da man sie währenddessen erfährt.

Als Abhängiger von Pornos und der Masturbation fehlt diese körperliche Berührung eines anderen Menschen hingegen völlig und man verkommt emotional, da das Gehirn denkt, dass die eigene Existenz nicht mehr gesichert sei.

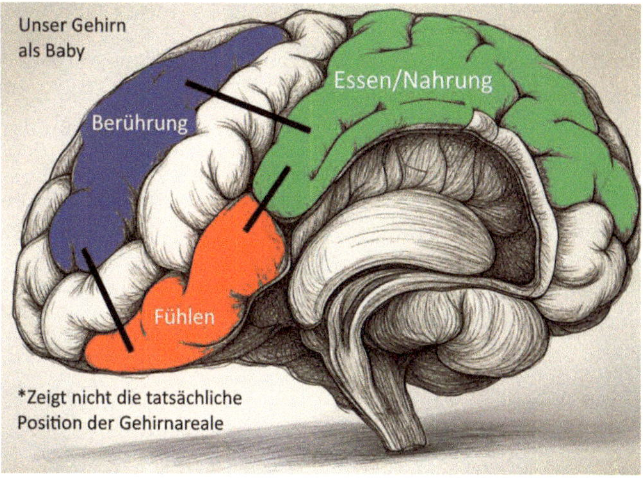

Alle Gehirnareale, die gleichzeitig aktiv sind, verbinden sich miteinander. Je früher diese Gehirnareale in unserem Leben zusammen aktiv waren, desto größer spielen sie in unserem späteren Leben eine Rolle. Wir wollen von nun an die Dinge genau auf die gleiche Art und Weise wieder und wieder erleben.
Sprich, jedes Mal, wenn wir etwas essen, ist es für uns angenehmer, dies in Gesellschaft zu tun. Und sind wir in einer sexuellen Beziehung zu einer Frau, geht die Liebe bekanntlich durch den Magen und wir haben Hunger. *Quelle 17

Dinge wie an der Brust der Freundin saugen, während dem Sex, stimuliert das Baby-Gehirn in unserem Erwachsenen-Gehirn und wir denken, dass wir gerade Nahrung wie damals aus der Mutterbrust bekommen. Heutzutage kommt dort zwar keine Milch mehr raus, aber unsere tieferen Gehirnstrukturen, welche im Babyalter angelegt wurden, denken, dass unsere Existenz gesichert ist. *Quelle 18

Und nun als Porno- und Masturbationsabhängiger werden all diese tieferen Gehirnstrukturen nicht mehr stimuliert, da wir alleine in einem Raum sitzen und an keiner Brust saugen und auch sonst keinerlei Nähe erfahren. Somit erkranken wir, da unsere Seele sprichwörtlich nichts mehr zu essen (Nähe) bekommt. *Quelle 19

Anforderungen an einen selbst

Leider ist es nicht weit genug gedacht, wenn wir uns als Kompensation ein Haustier anschaffen.
Da wir nur etwas aus uns machen müssen, wenn wir einen realen Menschen als Partner wollen.

Für einen Hund oder eine Katze hingegen benötigt man nur sehr begrenzte finanzielle Mittel und muss sich nicht so sehr anstrengen, wie wenn man eine richtige Freundin haben möchte.

Ebenfalls möchte eine reale Partnerin irgendwann eventuell Kinder haben und du musst als Mann die ersten Jahre finanziell stemmen können. Bist du dazu jedoch nicht in der Lage, seitens emotionaler Instabilität oder aus finanzieller Sicht, kann das Leben in eine ungemütliche Richtung gehen und du stehst nicht mehr in der Mitte der Gesellschaft.

Unser Leben ist ein hochkomplexes Zusammenspiel aus Alter, Fähigkeiten, finanziellen Mitteln und emotionaler Stabilität.
Als Porno- und Masturbationsabhängiger hingegen musst du so gut wie keine Fähigkeiten und emotionale Stabilität entwickeln.

Ein Smartphone und ein Internetzugang reichen aus, damit du denkst, dass du der Allergrößte bist.

Genau aus diesen Gründen solltest du dir nur einen Hund oder eine Katze zulegen, wenn du dich in einer stabilen Beziehung oder Ehe mit körperlichem Kontakt befindest und du nicht abhängig von Pornos und der damit verbundenen Masturbation bist.
Schaffst du dir trotzdem einen Hund oder eine Katze an, riskierst du, dass du dich zu stark auf das Haustier konzentrierst und keine Berührungen mit einem realen Menschen suchst.

Wir hingegen schafften uns damals ein Haustier an, obwohl so gut wie keine Berührungen zwischen den Familienmitgliedern mehr stattfanden.
Unser Körper ist abhängig von körperlichen Berührungen und ihm ist es egal, ob diese von einem Menschen oder vom Streicheln eines Tieres kommen.
Leo sorgte damals zwar dafür, dass unsere Familie weiter funktionierte und sich jeder besser fühlte, wenn wir ihn streichelten oder mit ihm spazieren gingen.
Doch auf lange Sicht löste er nicht das Problem der Ursache.

Die Ursache war nämlich, dass mein Vater und ich abhängig von Pornos waren und dadurch das ganze Familienleben in Schieflage geriet.

Meine Mutter bekam keine Zuneigung mehr von meinem Vater.
Und ich war ein willenloser, motivationsloser Jugendlicher, der sein Leben nicht auf die Reihe bekam.

Im Umgang mit anderen

Im sozialen Umgang wurde ich dank der Porno-Drogenabhängigkeit immer ungestümer und ungeduldiger.
Irgendwann machte mein damaliger bester Kumpel etwas, was mir nicht gefiel und ich habe versucht, es mit Gewalt zu ändern.

Mein Gehirn wurde zum Gehirn eines Abhängigen, das seinen Willen jederzeit einforderte.

Während all den Jahren der Masturbation und des Porno-Konsums konditionierte sich mein Gehirn darauf, dass ich alles durch meine Fantasie und durch Pornos bekommen kann, was ich möchte.

Im echten Leben bekommen wir zwischenmenschliche Dinge aber nur, wenn eine andere Person auch dazu bereit ist. Wir müssen uns anstrengen, um etwas zu bekommen. Im virtuellen Leben hingegen musste ich mich nie anstrengen und bekam alles kostenlos auf einem Silbertablett serviert.

Einmal während eines Fußballspiels faulte ich einen gegnerischen Spieler ziemlich heftig, kassierte dafür eine rote Karte und flog vom Platz.

Dass ich dadurch meinem eigenen Team schadete, war mir in diesem Moment nicht bewusst. In meinem Kopf dominierte der Gedanke, dass dieser Spieler etwas getan hatte, was mir nicht gefiel. Und wie im virtuellen so auch im realen, ging es nur um mich und meine Bedürfnisse und der Erfolg des Teams war mir egal.

Diese virtuelle Fata Morgana teilte meinen Alltag in zwei Teile ein:

Morgens in der Schule:

Man, ist das Leben hart, ich muss mich so sehr anstrengen und man bekommt nichts geschenkt!

Mittags nach der Schule:

Man, ist das Leben geil, Zocken, Pornos und vieles mehr, ohne sich anstrengen zu müssen.

Jeden Tag ging ich in die Schule mit der Einstellung, dass diese mir doch alles ohne Arbeit schenken müsse.
Dieser Fall trat nie ein, stattdessen reagierte ich einfach nur noch aggressiv und abweisend auf meine Mitschüler.

Alles zu jederzeit in der Online-Welt zu bekommen, lässt dich sehr überheblich werden und du hörst anderen nicht mehr zu, die aus der realen Welt davon berichten, wie hart das Leben sei.

Pornos und die eigene Zukunft

Im echten Leben müssen wir über einen langen Zeitraum hinweg sehr hart arbeiten, um irgendwann einmal einen Erfolg in Form eines gebauten Hauses, gegründeter Firma oder eines erreichten Schulabschlusses vorweisen zu können.

In Computerspielen hingegen ist dies viel leichter und wir errichten eine ganze Stadt in einer einzigen Stunde.

Nie habe ich verstanden, warum meine Mutter so sehr darauf bedacht war, dass ich gute Noten nach Hause bringe, um irgendwann einmal einen guten Job bekommen zu können.

Damals dachte ich überhaupt nicht an die Zukunft, sondern nur an die nächste Gaming-/Pornosession.

Die Pornos ließen mich zu jemandem werden, dem Zukunftsgedanken völlig fremd waren.

Aber wie um alles in der Welt, hätte das in der Zukunft funktionieren sollen, wenn ich selbst kein Geld verdienen würde, sondern von meinen Eltern weiterhin abhängig bliebe?

Irgendwann werden die eigenen Eltern alt und können keiner Arbeit mehr nachgehen.

Was passiert denn dann?

Sitzt dann die ganze Familie auf der Straße, nur weil der Nachwuchs versucht hat, sich sein ganzes Leben mit bewegenden Pixeln fortzupflanzen?

Oder sollte man vielleicht doch einer Arbeit nachgehen, um für die eigene Existenz und die der Eltern sorgen zu können?

Diese und viele andere Gedanken interessierten mich damals nicht, da aus meiner Sicht nur die virtuellen Erfolge in irgendwelchen Computerspielen zählten.

Bis heute habe ich mit dem Zocken nichts verdient, sondern nur Geld in Form von Neuanschaffung eines PCs usw. ausgegeben.
Aber damals war mir das egal und die unzähligen Goldtaler auf meinem virtuellen Konto fühlten sich gut an und ließen mich denken, dass ich reich sei!

Die Arbeit

Nach meinem Schulabschluss und den acht Wochen Ferien, in denen sich meine Muskeln durch das ständige vor dem PC sitzen abgebaut hatten, fing ich eine Ausbildung zum Industriemechaniker bei einem Unternehmen an, das Dieselmotoren für Schiffe, Muldenkipper, Züge, Notstromaggregate und Panzer herstellt.

Diese Ausbildung stellte eine große Herausforderung für mich dar, da ich morgens um fünf Uhr aufstehen musste, um zur Arbeit zu kommen.
Und abends um achtzehn Uhr war ich erst wieder zu Hause, da der Weg per Bus und Zug fast zwei Stunden täglich in Anspruch nahm.

Zur Begrüßung der Auszubildenden kam ich natürlich zu spät, da ich mir den Abend zuvor wieder richtig schön an Computerspielen und Pornos gegönnt hatte.

Ich lief also mit gesenktem Haupt in den Saal, in dem die Begrüßung stattfand.

Einer der obersten Bosse, der die Begrüßung schon gestartet hatte, schaute mir verwundert zu, wie ich auf einen freien Platz schlich.
Wahrscheinlich sah ich wie jemand aus, der die ganze Nacht durchgesoffen hatte und nun versuchte, sein normales Leben auf die Kette zu bringen.
Mir war es aber damals egal, was er dachte, da ich online ja schließlich der Größte war und in Computerspielen unzählige Goldtaler verdient hatte.

Ebenfalls hatte ich einen ganzen Harem an Porno-Frauen zu Hause, welcher nur darauf wartete, von mir beglückt zu werden.
Somit konnte ich es mir auch leisten, einfach hineinzuschleichen, ohne mich dafür entschuldigen zu müssen. Ich war ja schließlich in meinem Kopf ein König oder Herrscher wie Dschingis Khan.

Dass diese Dinge mit der Realität nicht zusammenpassten, war mir völlig egal und ich fühlte mich prächtig!

Doch die Rechnung für diesen Hochmut ließ nicht lange auf sich warten und kam schon am zweiten oder dritten Ausbildungstag, als ich den ganzen Tag stehen musste, um ein Metallstück zu bearbeiten.

Durch die vielen Jahre am PC sitzen, hatte sich mein Rücken verkrümmt.
Und somit wurde die dafür notwendige Muskulatur überhaupt erst gar nicht in dem Maße ausgebildet, wie sie hätte sein müssen.

Jeder Tag während der Ausbildung war die Hölle, da ich den ganzen Tag stehen musste, um Teile zu produzieren.

Und in der Regel nach circa drei Stunden Stehen begannen die Rückenschmerzen so heftig zu werden, dass ich mich kaum noch konzentrieren konnte, um die Arbeit wie zuvor vorschriftsmäßig auszuführen.
Jeden Tag wollte ich nur noch sterben, um den täglichen Schmerzen zu entfliehen.

Wie kann es nur sein, dass ich nun nicht mehr der Held in meinem eigenen Leben bin, wie es zuvor über Jahre hinweg doch der Fall war, dachte ich mir.

Ebenso fragte ich mich innerlich, warum ich mir das alles antue, da ich mich doch zu Hause ständig mit den schönsten Frauen fortpflanzte und dafür ja kein Geld brauchte.

Mein Unterbewusstsein dachte dies zumindest, aber die Realität sah ganz anders aus und ich war allein und am Ende.
Und vor allem wusste ich nun, wenn ich mit der Ausbildung scheiterte, wäre es mit meinem Leben vorbei und eine gute Zukunft würde in eine unerreichbare Ferne rücken.
Der elterliche Druck und das gute Essen auf der Arbeit waren die einzigen Gründe, um überhaupt erst dort hinzugehen.

Ich benötigte ja schließlich kein Geld und hatte keine großen Ziele, da zu Hause alles vorhanden war, was ich zum Leben brauchte.

Mein erstes Mal

Während meiner Ausbildung zum Industriemechaniker unterhielt ich mich eines Tages mit meinen Arbeitskollegen über das Thema Sex. Einer fragte mich, ob ich überhaupt schon einmal mit einer Frau geschlafen habe. Dies verneinte ich und alle Arbeitskollegen lachten über mich.

Sie meinten, dass man mit neunzehn Jahren schon mit einer Frau geschlafen haben muss. Einer von ihnen drängte mich sogar die nächsten Wochen immer wieder dazu, jetzt doch einmal mit einer Frau zu schlafen.

Zuerst wollte ich mich diesen Gedanken nicht hingeben, doch ab einem gewissen Punkt hatten mich seine Worte verfolgt und ich dachte in diese Richtung.

Und eines Tages ging ich mit einem Kumpel in eine Disco und lernte dort ein Mädchen kennen. Es war nicht leicht für mich, sie und ihre Freundin anzusprechen. Doch irgendwie war der soziale Druck dank meiner Arbeitskollegen größer und ich traute mich, die beiden anzusprechen. Mein Kumpel und ich setzten uns zu den beiden an den Tisch und fingen ein Gespräch an.

Die Worte meines Arbeitskollegen waren in meinem Hinterkopf ständig präsent. Somit fragte ich eines der beiden Mädchen, ob ich mit ihr in Kontakt bleiben könne.

Sie sagte ja und wir tauschten unsere Nummern aus.

Ich blieb mit ihr in Kontakt, ging ab und zu mit ihr spazieren und fragte sie irgendwann per Facebook, ob sie mit mir schlafen wolle. Eigentlich hatte ich darauf gar keine Lust, doch ich wusste, dass meine Arbeitskollegen auf der Arbeit wieder auf mich warten würden.

Sie sagte überraschenderweise zu und somit hatte ich mein erstes Mal.

Doch mein erstes Mal war unerwarteterweise sehr schlecht, da sich mein Gehirn über die Jahre der Masturbation auf sich selbst programmiert hatte.

Es fühlte sich an, als würde ich mit einem Fremdkörper agieren. Ich konnte keine emotionale Beziehung zu dem Mädchen aufbauen, da mein Gehirn völlig falsch verknüpft war.
Dieses Mädchen war damals für mich wie ein Mädchen im Porno, nur dass es ein sehr schlechter Porno war.

Mein Gehirn war krank und ich wusste nichts davon. Ich fragte mich damals nur, warum sich echter Sex so schlecht anfühlt, wenn doch alle so sehr davon schwärmen.

Doch niemand konnte mir zu der damaligen Zeit helfen und mir begreiflich machen, dass es an meinem Porno-Konsum lag.

Als ich meinen Arbeitskollegen von meiner Eroberung berichtete, war ich der Held und wurde gefeiert. Jedoch war mir kein bisschen nach Feiern zumute. Innerlich war ich kalt und konnte mein erstes Mal nicht in dem Maße feiern, wie es meine Arbeitskollegen von mir erwarteten.

Nach drei Monaten beendete ich die Affäre mit dem Mädchen per Facebook, da ich weiterhin lieber mit meinen Online-Frauen agierte.

Ich hatte mich zu sehr an diese gewöhnt.

Schließlich war mein digitales erstes Mal mit zwölf Jahren ja sehr gut gewesen.

Es war so, als wolle mein Körper immer wieder die Sexualität genauso haben, wie er sie mit zwölf kennengelernt hatte.

Wissen: Alle Gehirnareale, die in unserem Gehirn gleichzeitig aktiv sind, verknüpfen sich miteinander. Im Moment der Masturbation verknüpft sich unser Gehirn mit dem Bereich für Sehen, Hören, Bewegen und dem Orgasmus. Und das wollen wir dann auch so in diesem Zusammenspiel in unserem Leben haben. Beim Sex mit einer Frau hingegen sind wesentlich mehr Gehirnareale aktiv und verbinden sich miteinander. Sehen, Hören, Schmecken (Kuss), Riechen, Fühlen, Bewegung und Orgasmus. Somit verknüpft sich das Gehirn beim realen Sex ganz anders als während der Masturbation. *Quelle 20

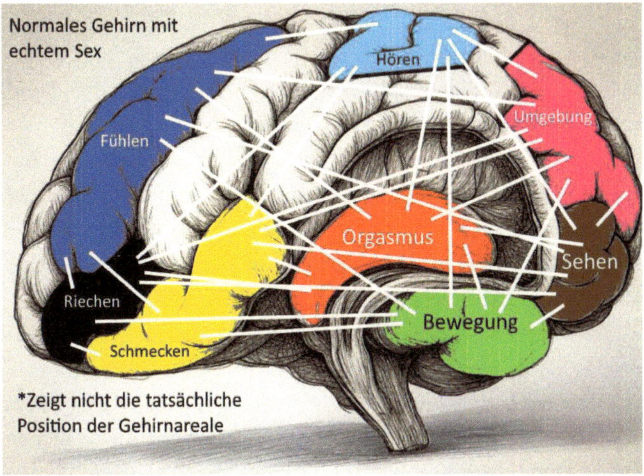
Normales Gehirn mit
echtem Sex
Hören
Umgebung
Fühlen
Orgasmus
Sehen
Riechen
Bewegung
Schmecken
*Zeigt nicht die tatsächliche
Position der Gehirnareale

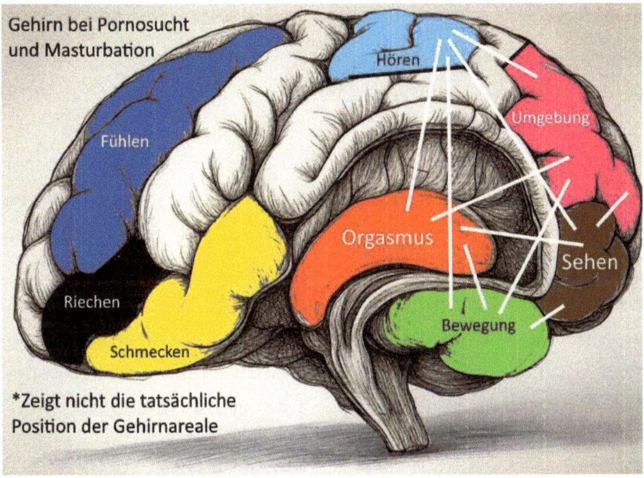
Gehirn bei Pornosucht
und Masturbation
Hören
Umgebung
Fühlen
Orgasmus
Sehen
Riechen
Bewegung
Schmecken
*Zeigt nicht die tatsächliche
Position der Gehirnareale

Der Unterschied zwischen beiden Gehirnen besteht darin, dass sich das Abhängigen-Gehirn nur durch Liebe mit sich selbst verknüpft hat.
Das normale Gehirn hingegen hat wesentlich mehr Gehirnareale sehr stark miteinander verknüpft und kann dadurch besser auf sie zugreifen.
Unser Gehirn funktioniert nur wirklich gut, wenn möglichst viele Gehirnareale sehr stark miteinander verknüpft sind.
Unser Körper sagt sich »Hey, wir haben uns fortgepflanzt, lass uns den Weg speichern, wie wir dies erreicht haben.«
Verknüpfungen, die während dem Sex und des Orgasmus in unserem Gehirn gemacht wurden, spielen auch im restlichen Leben eine wichtige Rolle da währenddessen sehr viel Dopamin ausgestoßen wurde.

*Quelle 21

Nur wenn wir bei gegenseitigen Berührungen ein schönes Gefühl erleben, wollen wir dies in Zukunft auch wieder haben.

Und dieses schöne Gefühl, dass sich eine Berührung gut anfühlt, lernen wir während dem Sex mit einem anderen Menschen.

Natürlich lernen wir auch schon in der Kindheit und darüber hinaus, dass sich gegenseitige Berührungen gut anfühlen. Jedoch sorgt erst das miteinander Schlafen im späteren Leben dafür, dass man eine sehr tiefe Bindung zu einem anderen Menschen eingeht.

Niemals aufgeben

Tief in mir drin war zum Glück noch eine Stimme vorhanden, die mich immer weitermachen ließ, obwohl ich eigentlich überhaupt keine Energie hatte, um die Ausbildung durchzustehen.

Hinzu kam noch, dass ich während der Arbeit ständig unaufmerksam war und gewisse Arbeitsschritte falsch oder unvollständig ausführte.
Mein Gehirn war voll auf die großen Dopamin-Stöße aus und konnte mit kleinen Dopamin-Stößen, wenn man beispielsweise ein Bauteil richtig montiert oder fertigt, nichts anfangen.

Während der Arbeit merkte ich oft, wie meine Gedanken abschweiften und ich nicht mehr bei der Sache war.
Durch die jahrelange Selbstbefriedigung hat sich mein Gehirn ein wunderschönes Traumschloss gebaut. Und in dieses Traumschloss mit all den Fantasien einzutauchen, anstatt voll und ganz auf die Arbeit konzentriert zu sein, war viel schöner und bescherte mir die besseren Gefühle.

Im Umgang mit den Arbeitskollegen war ich sehr ungestüm, da ich mich am falschen Platz fühlte und nicht die nötige Energie hatte, einen ganzen Arbeitstag durchzustehen.
Jeder Tag verbrauchte so viel Energie, sodass ich kaum wusste, wie ich den nächsten Tag überstehen sollte.

Masturbation / Pornos und Testosteron

Wissen: Inzwischen ist bekannt, dass das Testosteron der heutigen Männer wesentlich niedriger ist als noch vor ein paar Jahrzehnten. Dopamin und Testosteron haben eine starke Korrelation in unserem Körper. Wenn wir wenig Dopamin in unserem Körper haben, haben wir auch gleichzeitig wenig Testosteron zur Verfügung. Ebenso, wenn wir wenig Testosteron besitzen, haben wir auch weniger Dopamin zur Verfügung.

*Quelle 22

Dies macht aus evolutionärer Sicht sehr viel Sinn, da Männchen vor der Paarung sehr aggressiv waren und darum kämpften, wer sich mit den Weibchen fortpflanzen durfte. Hatten sie sich fortgepflanzt, sank ihr Testosteronspiegel. Und wenn wir uns heute fast täglich künstlich durch Pornos versuchen fortzupflanzen, hat das Auswirkungen auf unseren Testosteronspiegel. Er sinkt stetig und deswegen haben wir auch weniger Dopamin im Alltag zur Verfügung. Dieses Dopamin ist jedoch wichtig, um voll im Leben stehen zu können.
Und Testosteron ist ebenfalls sehr wichtig für unsere körperliche Entwicklung und die Entwicklung des Gehirns. Hast du weniger Testosteron zur Verfügung, neigst du zu einer emotionalen Instabilität. Das Leben wird ohne das nötige Testosteron und Dopamin zu einem Wackelpudding. Jeder Tag ist unsicher und wir wissen nicht so richtig, was wir tun sollen. *Quelle 23

Die Hölle Teil 1

Irgendwann nach meiner Ausbildung zum Industriemechaniker zog ich von zu Hause aus und wohnte von nun an in einer eigenen Wohnung. Die erste Zeit dort war ganz okay.
Ich hatte nun meine Ruhe vor der kalten Stimmung bei meiner Familie zu Hause und konnte jeden Tag tun und lassen, was ich wollte.

Eine Zeit lang war ich glücklich …

Das dachte ich zumindest, lebte meinen Alltag und begann neben der Arbeit, mit Autos und anderen Dingen zu handeln, um Geld zu verdienen. Da ich damals dachte, dass ich mich nur genug anstrengen muss, damit ich mich endlich glücklich und zufrieden fühle.
Dies stimmte leider nicht, da die Droge Porno tief in mir schlummerte und ich mich immer weiter verausgabte, ohne endlich ein besseres Leben zu beginnen.

Frauen Teil 1

Frauen waren für mich über die Jahre des Pornokonsums zu Objekten verkommen und ich hatte kaum eine richtige Beziehung zu ihnen. Irgendwann jedoch hatte ich eine langfristige Beziehung über zwei Jahre zu einem Mädchen, da mir eine richtige zwischenmenschliche Begegnung fehlte und ich nur die Liebe mit mir selbst über sehr große Zeiträume hinweg kannte. Dieses Mädchen meinte, dass ich das mit dem Pornokonsum sein lassen sollte. Sie wusste genau wie meine Mutter damals, dass es sehr schädlich für die eigene Entwicklung ist. Doch ich hörte nicht auf sie und konnte keine tiefe innere Bindung zu ihr aufbauen. Diese erste langfristige Beziehung ließ mich erahnen, was man alles für ein normales Leben erfüllen muss. Nämlich einem geregelten Job nachgehen und nach der Arbeit noch für die Freundin da zu sein. Energietechnisch konnte ich das damals nicht stemmen, da Pornos plus realer Sex mich völlig auslaugten. Zu dieser Zeit dachte ich, dass sie einfach nicht die richtige Freundin sei, da ich keine tiefe Bindung zu ihr herstellen konnte. Heute weiß ich, dass ich diese tiefe Bindung zu ihr nicht herstellen konnte, da ich ständig in den Pornos mit anderen Frauen schlief und diese mir einen höheren Dopamin-Kick dank Coolidge-Effekt bescherten.

Die Selbstbefriedigung war zu meiner Gewohnheit geworden und das Schlafen mit einer echten Frau eine Seltenheit.

Und das, was wir als Gewohnheit über die Jahre kennengelernt haben, wollen wir später auch so haben, denn es beschert uns schöne Gefühle. Dinge, die ungewohnt sind, führen zu Argwohn und lassen uns nicht diese Gefühle von Genuss und Entspannung empfinden.

Ebenfalls war es für mich in der Realität nicht möglich, ständig mit anderen Frauen zu schlafen. Im Digitalen hingegen war dies kein Problem und ich konnte mir täglich online eine neue Dame aussuchen.

Mit der Zeit haben die Pornos den Kampf zwischen realer und digitaler Welt für sich entschieden. Eines Tages war ich auf dem Weg zu meiner Freundin und konnte nach der Hälfte der Strecke kein Stück weiter in ihre Richtung fahren. Mein Kopf machte dicht und wollte nicht mehr. Sobald ich jedoch in die Richtung meines Zuhauses und den Pornos fuhr, ging dies ohne Probleme und ich konnte wieder frei atmen.

Was ist nur mit mir los?

Nach Hause zu meinen Pornos zu fahren, ist kein Problem!

Aber wenn ich zu einem realen Menschen fahren möchte, macht mein Kopf dicht?

Bin ich nun wirklich zu einem Cyborg geworden, welcher eine Beziehung mit digitalen Inhalten hat, anstatt zu einem echten Menschen?

Aus heutiger Sicht würde ich diese Frage mit Ja beantworten. Mein Unterbewusstsein war damals schon so weit verändert, dass realer menschlicher Kontakt einer Begegnung mit einem Alien gleichkam.

Die Hölle Teil 2

Meine langjährige Beziehung ging in die Brüche und mit ihr meine innere psychische Stabilität. Der letzte Mensch, der hin und wieder zu mir in meine Wohnung gekommen war und mich von der digitalen Welt und den Pornos abgelenkt hatte, war nun auch fort.

Da kam mir die Idee, dass ich doch nun abends in die Stadt gehen könnte, um einen Kumpel zu besuchen, der in einem Restaurant arbeitete. Dies machte ich und hing ab sofort dort fast jeden Abend nach der Arbeit ab, um mein Bedürfnis an sozialen Interaktionen zu stillen. Er arbeitete in einem All-You-Can-Eat-Restaurant, in welchem es Speisen wie Pizzen, Nudelgerichte, Tortillas und Burritos gab. Ab und zu bestellte ich das All-You-Can-Eat-Menu und ließ es mir gutgehen.
Währenddessen saß ich an der Bar, hinter der mein Kumpel arbeitete.
Chancen, mit Frauen in Kontakt zu kommen, ergaben sich fast täglich, jedoch wurden diese von mir nicht ergriffen, da ich meistens schon zuvor mit meiner Frau Porno geschlafen hatte.

Die erste Zeit war sehr schön und ich verbrachte dort tolle Abende. Allerdings gingen die anderen nach der Schließung des Restaurants zu ihren Familien oder Partnern nach Hause und ich ging wieder alleine in meine Wohnung zurück.

Dies verstärkte meinen Drang, Alkohol zu trinken, da sich in mir eine Leere befand.

Damals dachte ich, wenn ich nur genug trinken würde, käme ich schon irgendwann einmal mit einer Frau in Kontakt und es könne sich daraus eine Beziehung entwickeln.

Doch dieser Fall trat niemals ein!

Nach einem Clubbesuch und unter Alkohol trauerte ich meiner Ex-Freundin nach und schrieb ihr morgens nach der Partynacht per WhatsApp.

Jedoch wollte ich sie gar nicht zurück, sondern nur eine Kommunikation mit einer vertrauten Person. Dies ist aus meiner heutigen Sicht moralisch sehr verwerflich, doch zu dem damaligen Zeitpunkt dachte ich, dass sich bewegende Pixel meine Freundin seien. Und wenn es nun diese Pixel per WhatsApp gab, um mein Kommunikationsbedürfnis zu stillen, nahm ich das sehr gerne an und interagierte mit ihnen.

Es verhält sich so, als würden allein das Profilbild bei WhatsApp oder nackte Haut bei Pornos ausreichen, damit ich dachte, eine lebendige Frau stünde vor mir.
Nacht um Nacht verbrachte ich in irgendwelchen Clubs und machte den Hampelmann bis morgens um fünf Uhr, in der Hoffnung, ein Mädchen kennenzulernen. Niemals konnte dies jedoch geschehen, da mein Herz der Droge Porno gehörte.

Das hört sich sehr verrückt an, aber aus heutiger Sicht weiß ich, was damals in mir los war. Es war, als hätte ich nur die Hälfte der Realität wahrnehmen können.

Pornos sind die perfekte Droge!

In deinem Inneren verändern sie alles, doch äußerlich siehst du fast noch genauso aus wie immer. So kann auch keiner von außen das Drogenproblem erkennen, um dich auf dein Leiden aufmerksam zu machen. Pornos sind meistens sogar gesellschaftlich akzeptiert und werden als etwas völlig Normales wahrgenommen.

Vermutung: Über die Jahre des Pornokonsums ist mir aufgefallen, dass das sexuelle Bedürfnis der Menschen durch Pornos gestillt wird. Jedoch sind die anderen sozialen Bedürfnisse, wie z. B. miteinander reden, nicht gestillt.
Es wird versucht, diese sozialen Bedürfnisse per WhatsApp-Kommunikationen und sonstiges zu stillen.

Damals dachte ich, dank der virtuellen Welt alles zu haben. Aus heutiger Sicht weiß ich, dass ich nie eine richtige Beziehung wollte, da beide Dinge wie Sexualität und Kommunikation durch das Internet und die digitalen Geräte gestillt wurden.

Ich rannte die ganze Zeit hinter etwas her, von dem ich dachte, dass ich es wirklich wollen würde. Dies stimmte jedoch nur zur Hälfte!

Normalerweise haben wir in der Realität alles mit einem echten Menschen – Sexualität, Berührung, Kommunikation und gegenseitige Wahrnehmung. Wenn wir dann jedoch eines dieser Dinge durch Pornografie ersetzen, kommt es innerlich zu einem Konflikt. Genau dieser Konflikt fand in mir statt, und ich dachte, dass das Internet und die digitalen Geräte meine Partnerin sind.

Als junger Erwachsener mit zweiundzwanzig bildete sich mein Herz ein, dass meine Freundin aus Pornos und WhatsApp-Kommunikation bestehen würde. Mein Verstand jedoch fragte sich ständig, warum ich diese Freundin, denn nicht wie bei anderen Menschen sehen könne.

Dadurch kam es in mir immer mehr und mehr zu einer Spaltung zwischen diesen beiden Stimmen.

WhatsApp

Wissen: Oft ist es so, dass wir per WhatsApp vor oder nach dem Konsum der Pornos kommunizieren. Dadurch ist es ab einem gewissen Zeitpunkt möglich, dass wir Lust auf Pornos bekommen, wenn wir per WhatsApp oder anderen Messenger kommunizieren. »What fires together, wires together!«. *Quelle 24

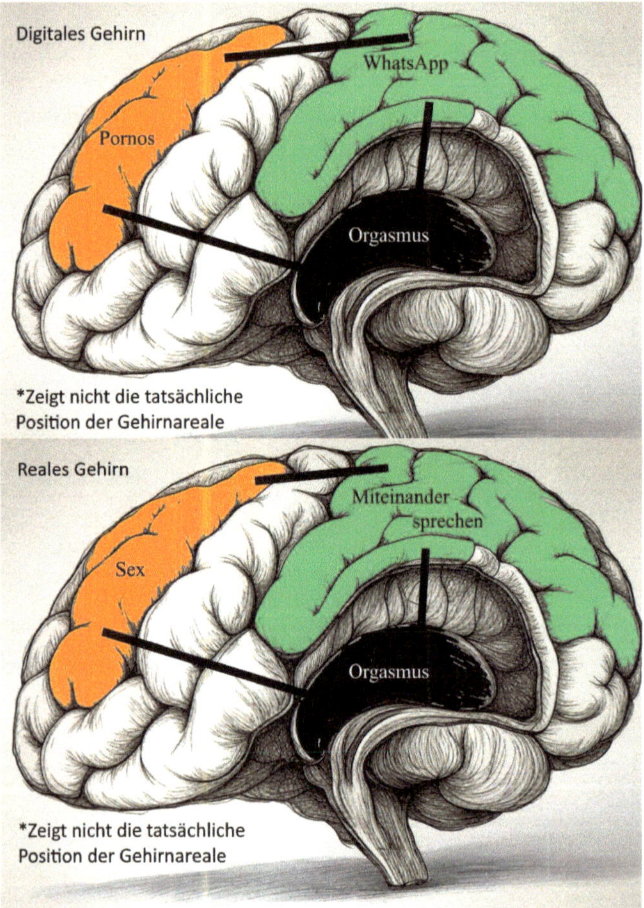

Das große Nachdenken

Diese Spaltung ging irgendwann so weit, dass ich zum Alkoholiker wurde, weil ich es innerlich nicht mehr aushielt.

Pornos plus Alkohol vertrugen sich nicht sehr gut und machten das Problem nur noch schlimmer.

Zum damaligen Zeitpunkt war ich sehr oft an den Wochenenden mit meinen Kumpels unterwegs und trank sehr viel Alkohol.

Mit der Zeit begannen wir uns auch unter der Woche nach der Arbeit zu treffen, um Alkohol zu konsumieren. Manchmal saßen wir in einer Kneipe, tranken unser Bier und schworen uns ewige Freundschaft, während »Auf gute Freunde« aus den Lautsprechern dröhnte.
Es war eine Szenerie, wie sie in jedem Film hätte stattfinden können.

Wir waren verloren!

Doch der Alkohol und die Musik versprachen uns einen kurzen Moment der Hoffnung.

An diesem Ort der Hoffnungslosigkeit und des vorübergehenden Trostes fingen wir an nachzudenken.

So ziemlich eines der ersten Dinge, über die wir gemeinsam bei trübem Licht und Alkohol anfingen nachzusinnen, war eine Situation, die ein Kumpel auf seiner Arbeit als Rezeptionist gehabt hatte.

Dort hatte ihn ein Gast behandelt, als sei er ein Mensch zweiter Klasse. Dies störte meinen Kumpel verständlicherweise sehr und wir überlegten, warum sich der Gast so verhalten hatte.
Wahrscheinlich war er es einfach von seiner gesellschaftlichen und beruflichen Position her gewohnt, andere Menschen von oben herab zu behandeln. Also sprich, er meinte meinen Kumpel gar nicht persönlich, sondern handelte nur, wie er es auch sonst in seinem Alltag tat.

Dieses Nachdenken, während Kerzenschein und Alkoholeinfluss sorgte dafür, dass sich in mir eine Struktur der Reflektion und des Nachdenkens etablierte.

Während der nächsten Wochen auf meiner Arbeit half mir diese Struktur sehr, da ich anfing, das Verhalten meiner Arbeitskollegen zu hinterfragen. Und oft kam ich zu dem Schluss, dass kaum einer Schuld an seinem Charakter hat, da dieser durch das Umfeld über die Jahre hinweg geprägt wurde.

Eines Nachmittags stand ich mit einem Kumpel und Arbeitskollegen auf einem Felsvorsprung und redete mit ihm über den Sinn des Lebens und was einen glücklich mache.
Er meinte, dass ihn seine Hobbys und seine Freundinnen glücklich machen.
Im Gegensatz zu mir hatte er reale Freundinnen und musste sich nicht mit Pixel-Damen vergnügen.

Er selbst arbeitete wie ich in einem Vollzeitjob und verdiente sich nebenher als Fotograf noch etwas dazu.
Deswegen dachte ich damals, dass ich auch mehr Geld verdienen müsse, um so glücklich wie er sein zu können.

Doch dies stimmte nicht, da sich mein Gehirn über die Jahre meiner digitalen Gewohnheiten völlig anders als sein Gehirn verknüpft hatte. Wir redeten zwar zuvor schon das ein oder andere Mal über die Pornographie, doch er war dieser Welt stets völlig abgeneigt, da er reale zwischenmenschliche Beziehungen bevorzugte.

Somit standen wir auf dem Felsvorsprung, er gefangen in seiner glücklichen realen Welt und ich gefangen in meiner unglücklichen digitalen Welt.
Der Witz an der ganzen Geschichte ist, als wir uns auf diesem Felsvorsprung unterhielten, kamen zwei Mädchen, quatschten mit uns und wir gingen danach in einen Irish Pub auf ein Bier. Mein Kumpel war interessiert und machte sich an die Girls ran. Ich hingegen saß passiv daneben und hörte den anderen bei den Gesprächen zu. Doch eines der beiden Mädchen fand mich sehr sympathisch und unterhielt sich mit mir.
Beiläufig erwähnte ich, dass mein Auto zufällig neben ihrer Universität parkte, da es dort kostenfrei war. Und am nächsten Tag entdeckte ich einen Zettel an meiner Windschutzscheibe. Sie hatte ihre Handynummer darauf geschrieben und dass sie sich freuen würde, mich wiederzusehen. Dies hätte wieder eine Chance für mich sein können, in eine Welt mit einer echten sexuellen Beziehung zu starten. Doch zu dem damaligen Zeitpunkt mit meinen dreiundzwanzig Jahren war ich schon so von den Pornos zerfressen, dass ich an einer realen Beziehung überhaupt nicht mehr interessiert war. Mein Gehirn wollte nur Pixel-Damen und ein Leben in der digitalen Welt.

Die Hölle Teil 3

Ein andermal war ich mit zwei Kumpels während Halloween in einem Restaurant und erlebte einen schönen Abend. Mit der Bedienung unterhielt ich mich ein paar Mal und verstand mich sehr gut. Als wir das Restaurant verließen, fragte sie mich nach meiner Handynummer und ich erwiderte, dass ich sie ihr nicht geben wolle. Dies war ein weiterer Moment, in dem mein Unterbewusstsein automatisch reagierte und nach außen hin kommunizierte, dass ich bereits vergeben wäre. Zu dem damaligen Zeitpunkt war mir das jedoch nicht klar und ich bereute später, dieses wie auch viele andere Angebote ausgeschlagen zu haben.

Flüche funktionieren genau auf diese Art und Weise. Jedes Mal, wenn sich die Chance bot, in ein besseres Leben starten zu können, kam die innere Stimme hoch und meinte, ich könne meinen Schatz Porno doch nicht so einfach aufgeben. Es fühlte sich damals so an, als wäre ich lebendig begraben. Immer und immer wieder ging ich auf eine Party oder in eine Bar oder Restaurant in der Hoffnung, dass ich dort eine Partnerin finden würde. Ich trank Alkohol, um die Hemmschwelle zu senken und eine Frau ansprechen zu können. Und dann, wenn sich eine Chance bot und mich eine Frau sympathisch fand, funkte meine Partnerin Porno dazwischen und blockte das Angebot ab.

Es war wie verhext und ich hatte all die Jahre keinen Plan, was der Grund für diese innerliche Spaltung war.
Ein Teil von mir wollte unbedingt in die richtige Richtung und der andere Teil wollte sich keinen Millimeter bewegen.

Auf der Arbeit nahmen mich meine Arbeitskollegen nicht ernst, da ich noch immer, wie ein Teenager gekleidet war und mich auch sonst nicht meinem Alter entsprechend verhielt.
Über viele ernste Themen, über die sie sich unterhielten, lachte ich innerlich und hörte erst gar nicht richtig zu.

Jegliche ernsten Angelegenheiten, die sich um eine erfolgreiche Zukunft der Firma drehten, wurden von mir nicht für voll genommen, da ich ja zu Hause alles hatte und alle (Porno-)Frauen auf mich standen.

Das Geld, das am Ende des Monats bei der Arbeit für mich heraussprang, war auch zweitrangig, da mein Online-Vermögen in Computerspielen gigantisch war.

Allein Allein

Ohne eine tiefe Beziehung durch das Leben zu gehen, war nicht sehr erfüllend und instinktiv wusste ich, dass etwas fehlte.

Irgendwann ging es mir immer schlechter und schlechter. Ich vereinsamte völlig, da ich alleine wohnte und jeden Tag, wenn ich nach Hause kam, warteten dort nur die digitalen Geräte und die verdammten Pornos auf mich.

Sogar auf der Taxifahrt nach Hause hörte ich Geschichten eines erfüllten Lebens, welches ich nicht hatte. Der Taxifahrer erzählte mir manchmal von seinen Kindern und wie sehr er seine Familie liebte.

Richtig hinhören konnte und wollte ich nicht, denn bei mir zu Hause warteten nur meine digitalen Inhalte auf mich. Der Taxifahrer hingegen ging nach der Nachtschicht nach Hause zu seiner Familie und hatte einen Ort, an dem er seine Kräfte wieder auftanken konnte.
Doch ich war alleine in meiner Wohnung und wusste nicht, wie ich mich aus dieser misslichen Lage befreien sollte.
Kein Mensch war dort, der mir hätte zuhören oder Liebe schenken können. Jedoch gaukelte mir mein Gehirn vor, ich hätte eine Partnerin, die jeden Tag bei mir wäre. Diese Illusion riss mich weiter in den Abgrund und ich realisierte nicht, woran es lag.

Als würde mir die Lebensenergie verloren gehen.

Jeden Tag stand ein bisschen weniger Energie zur Verfügung.

Ein Auto mit einem Loch im Tank kommt dem ziemlich nahe. Man sucht und sucht, aber findet das Loch nicht. Ab und zu geht man zum Tanken und füllt den Tank in Form von Urlaub und Erholung wieder auf, danach ist der Tank jedoch ziemlich schnell wieder leer.

Manchmal war ich bei meiner Oma und Verwandtschaft und versuchte, den Tank wieder aufzufüllen.

Dies funktionierte nur bedingt, da das Loch im Tank schon zu groß war.

In mir war es, als wären zwei Menschen in einem einzigen Körper eingesperrt.

Ein Mensch, der sich der gesellschaftlichen Norm mit Freundin usw. versuchte anzupassen und der andere, dem alles egal war und der Pornos einmal täglich konsumierte.

Die Hölle Teil 4

Hundert Prozent der Arbeitszeit als Industriemechaniker war energietechnisch nicht mehr möglich und ich musste auf achtzig Prozent reduzieren. Dies brachte einen Arbeitsplatzwechsel in eine andere Abteilung mit sich.

In der neuen Abteilung angekommen, hatte ich nun wesentlich weniger Stress und konnte mich mit den dortigen Arbeitskollegen häufig unterhalten.

Es ging um Themen wie Computerspiele oder das Essen von Fleisch. Und irgendwann meinte ich zu einem der neuen Arbeitskollegen, dass ich am liebsten nur noch mit Schwimmerbrille durch den Alltag laufen würde. Dies war meine innerliche Welt, die dank dem Konsum von Pornografie völlig durchdrehte und nicht mehr weiterwusste und es auch so nach außen kommunizierte.
Das Tragen einer Schwimmbrille im Alltag machte überhaupt keinen Sinn und genauso fühlte ich mich innerlich auch. Kein Gefühl von Sinnhaftigkeit war mehr vorhanden und zu diesem Zeitpunkt saß ich ab und zu in der morgendlichen Pause und starrte leeren Blickes auf den angrenzenden See.
In mir herrschte eine große Leere und kein Land war in Sicht. Und wenn dann doch irgendwo mal eine Beziehung zu einem Mädchen in Aussicht stand, sabotierte ich mich selbst oder es wurde von dem Mädchen beendet.

Nichts durfte damals zwischen mich und die Pornos kommen.

An eine Situation kann ich mich noch erinnern, als ich zufällig ein Mädchen bei einem Spaziergang kennenlernte und ihr mit der Zeit näherkam.

Doch an dem alles entscheidenden Abend machte ich einen Rückzieher, da ich lieber wieder zu Hause Zeit mit den Pixeln verbrachte.

Normivator

Aufgrund der inneren Sinnlosigkeit fing ich zu Hause an, verschiedene verrückte YouTube-Videos zu drehen. Diese handelten über Dinge wie den Sinn oder Inhalt des Lebens.

Während der Videos trug ich eine Schwimmbrille und das T-Shirt mit der Aufschrift »Dumm, hässlich und arm«.

Rückblickend war diese Zeit der Startschuss für das Hinterfragen meines bisherigen Lebens. Die Videos erlaubten mir den Versuch, all die Fragen über mein Leben zu beantworten. Ebenfalls besprühte ich mit einem Kumpel zusammen mein Auto mit selbstkritischen Aufschriften.

Ich wollte unbedingt wissen, was mit mir nicht stimmte und warum ich keinen Sinn im Leben verspürte. Jedes Mittel war mir recht, um das herauszufinden. Mein Künstlername zu diesem Zeitpunkt war Normivator.
Damals war mir noch nicht klar, dass mein Verrücktwerden den Pornos geschuldet war.

Geistige Anstrengungen anzustellen und versuchen, dafür Lösungen zu finden, war ein wichtiger Schritt, um die perfekt getarnte Droge namens Porno irgendwann einmal entlarven zu können.

Über all die Jahre wurden Pornos wie zu einem neuen Körperteil von mir und ich konnte sie nicht mehr als etwas Externes identifizieren.
Es war so, als müsse man den eigenen Arm hinterfragen, ob er überhaupt zu einem gehöre. Da Pornos über die Jahre zu einem Teil von mir geworden waren, der sich total vertraut anfühlte.

Normivator und die künstlerische und kreative Weise, die Dinge zu hinterfragen, halfen mir, dies zu tun.

Aus heutiger Sicht war dies eine verrückte Zeit und ich bin froh, sie einigermaßen gut überstanden zu haben. Für viele Freunde jedoch war meine Zeit als Normivator nicht zu verkraften und sie beendeten die Freundschaft. Meine damaligen Freunde hatten auf solch verrückte Sachen wie die mit dem T-Shirt oder Auto einfach keine Lust. Es war für sie befremdlich, zu sehen, wie ich durchdrehte. Jahrelang verbrachten wir eine schöne Zeit und auf einmal wurde ich zu jemand Fremden.

Die Droge hatte mich voll und ganz in ihrem Besitz. Keine Freundschaft, Arbeit oder sonstiges war mir damals so wichtig wie die Droge Porno. Sie war perfekt getarnt und ich dachte all die Jahre, dass der Konsum ganz normal sei und es jeder machen würde. Heute weiß ich, dass es fast jeder macht, aber auch fast jeder damit zu kämpfen hat.

Somit hatte ich kaum noch Freunde und es blieb nur noch die Arbeit. Auf der Arbeit versuchte ich nun, meine verlorenen Freundschaften zu kompensieren und dort neue Freunde zu finden. Dies war nicht leicht, da die meisten Arbeitskollegen ihre Freunde außerhalb der Arbeit hatten und auf der Arbeit nur waren, um Geld zu verdienen. Dadurch wurde es sehr schwer, meinen inneren Verfall aufzuhalten.

Die Hölle Teil 5

Nach einem Jahr mit einer Arbeitszeit von achtzig Prozent reduzierte ich meine Arbeit auf sechzig Prozent, da ich zu mehr psychisch und physisch nicht mehr in der Lage war.

Durch die Reduzierung meiner Arbeitszeit ging es mir aber nicht besser, da ich noch immer nach der Arbeit nach Hause kam, Pornos schaute und abends meinen Alkohol konsumierte. Mein Dopaminhaushalt war zu diesem Zeitpunkt schon völlig aus dem Gleichgewicht geraten.

Mein Körper kannte nur noch Extreme und konnte mit einem ruhigen, ausgeglichenen Leben nichts mehr anfangen.

Heute noch kann ich mich an eine Situation auf der Arbeit erinnern, als ich an einem Schraubenregal stand und nicht wusste, wie es mit meinem Leben weitergehen sollte.
Es fühlte sich an, als würde ich an einer Klippe stehen und wenn ich nun einen Schritt weiterginge, fiele ich die Klippe hinunter und mein Leben wäre vorbei.

Somit hatte ich nur noch zwei Möglichkeiten zur Auswahl.

Eine davon war die Klippe hinunterzuspringen und die andere war anfangen nachzudenken, um herauszufinden, warum mein Leben in so eine Schieflage geraten war.

Zum Glück entschied ich mich für Letzteres und fing an nachzudenken und viele Bücher zu lesen.

Hätte ich die erste Option gewählt, wäre ich wahrscheinlich heute nicht in der Lage, dieses Buch zu schreiben und dir von meinen Erfahrungen zu berichten.

Während dieser Zeit war ich damals in einer WhatsApp-Gruppe von Freunden, in der wir uns über verschiedene Dinge austauschten und uns gegenseitig anspornten, um in ein normales Leben starten zu können.

Einmal ging es darum, dass wir Frauen in der Realität ansprechen müssten, um dieses Ziel zu erreichen.

Kurze Zeit später tat ich genau dies, ging vor die Tür und setzte mich neben ein Mädchen auf eine Parkbank und quatschte mit ihr. Dies war eine sehr willkommene Abwechslung vom ständigen Alleinsein.
In der WhatsApp-Gruppe wurde diese Aktion gefeiert und die anderen lernten daraus, dass es uns nach vorne bringt, wenn wir in der Realität auf andere Menschen zugehen.

Mit der Zeit waren uns alle Mittel recht, um wieder ein normales Leben führen zu können, da die anderen WhatsApp-Gruppenmitglieder an der gleichen Krankheit wie ich litten.

Leider wurden damals in der Gruppe verschiedene pornografische Inhalte hin und her gesendet, was uns immer wieder nach unten in die Abhängigkeit zog und einen Fortschritt in der Gruppe schwieriger machte. Diese Inhalte fesselten einen wieder stärker an das elektronische Gerät und ließen die Realität in den Hintergrund rücken.

Raus

Manchmal ging ich mit einem Kumpel aus dieser WhatsApp-Gruppe am Wochenende in die Stadt, um ein paar Bier zu trinken.
Dort schrien wir dann rum, dass wir »Raus« seien.
Dieses »Raus« spiegelte unsere innere Welt im Außen, da wir es satthatten, uns immer so zu verhalten, wie es die Gesellschaft von uns erwartete.

»Raus« bedeutet am Rande der Gesellschaft zu stehen und kein Problem damit zu haben.
Zeitweise ging es in unserem Freundeskreis nur um Raus, Raus und nochmals Raus. Es wurde zum Symbol für ein Lebensgefühl, welches uns seit Jahren begleitete und für das wir nun ein Wort gefunden hatten.

Wissen: Bei jahrelangem Drogenkonsum sinkt unsere Dopamin-Baseline immer weiter ab und wir brauchen immer mehr des Suchtmittels, um unser normales Ausgangsniveau halten zu können. Irgendwann ist unsere Dopamin-Baseline so erschöpft, dass wir selbst im Außen nur noch das Extreme suchen, um einen Kick spüren zu können. Wir werden zu jemandem, der ständig den großen Dopamin-Kick sucht und mit kleinen nichts mehr anfangen kann. *Quelle 25

Zu diesem Zeitpunkt war uns alles egal und wir scherten uns nicht mehr darum, was andere von uns dachten, da wir innerlich am Ende angekommen waren.

Wir waren »Raus« und niemand konnte uns helfen.

Mit vernünftigen Konversationen in einer Kneipe taten wir uns schwer, da wir nur rumschreien wollten. Sprich – völlig durchdrehen, da unser Inneres, dem eines Junkies glich.

Human Community

Etwa ein halbes Jahr lief ich mit dem T-Shirt dumm, hässlich, arm und mit Pfeil nach oben durch die Welt.

Eines Tages stand ich nach der Arbeit an einer Bushaltestelle und wurde von meinem zukünftigen Kumpel angesprochen, warum ich ein T-Shirt mit solch einer Aufschrift trage.
Ich antwortete ihm, das sei meine Art und Weise, mit gewissen Dingen umzugehen und um herauszufinden, was die Matrix sei.
Das klingt vielleicht verrückt, aber damals war mein Inneres durch die Pornos völlig zerstört und ich fühlte nichts mehr. Und ohne Gefühle, die über die Jahre verkümmert waren, konnte ich auch solch ein T-Shirt ohne Scham tragen.
Mein zukünftiger Kumpel fand meine Art und Weise, mit den Dingen umzugehen, sehr spannend und wollte sich mit mir treffen, um mehr über mein Leben zu erfahren.
Während eines Treffens in einem Irish Pub meinte er zu mir, er würde eine Gruppe kennen, die mir sehr gefallen könnte.
Er war zu diesem Zeitpunkt ein Mitglied dieser Gruppe und nahm an regelmäßigen Treffen teil.
Human Community – die Mitglieder stammen aus den verschiedensten Gesellschaftsschichten. In der Gruppe geht es darum, gemeinsame Dinge zu unternehmen und sich auszutauschen.

Irgendwann wurde ich selbst Mitglied dieser Gruppe und merkte, dass es mir sehr guttat, zur Begrüßung eine Umarmung zu bekommen, da mir dies in der Welt der Isolation fehlte.

Durch diese sozialen Interaktionen merkte ich zufälligerweise, dass der Suchtdruck, Pornos zu konsumieren, verringert wurde.
Ich ging aber nicht weiter darauf ein und machte weiter wie bisher.

Die Hölle Teil 6

Durch Zufall entdeckte ich im Zug einen Flyer einer psychiatrischen Tagesklinik, in die man tagsüber gehen konnte, wenn es einem psychisch nicht gut ging.

Tage danach ging ich zu meinem Hausarzt und schilderte ihm meinen Fall, dass ich keine Energie mehr habe und nicht weiterwisse.
Zum Arzt gehen und sich eingestehen, dass man keine Energie mehr habe und mehr oder weniger im Leben gescheitert sei, ist nicht leicht. Jedoch war es meine letzte Chance, in ein normales Leben zurückzufinden. Also fragte ich ihn, ob er mir eine Überweisung für die besagte Tagesklinik schreiben könne.
Er tat dies und ich konnte in der darauffolgenden Woche hingehen.

Dort lernte ich viele Menschen kennen und tauschte mich mit ihnen aus.

Es gab verschiedene Therapiesitzungen, in denen es darum ging, Vertrauen zu anderen aufzubauen.

Bei einer Übung stand eine Person mit geöffneten Augen da und eine andere ging mit geschlossenen Augen auf sie zu.
Die Person mit den geöffneten Augen musste Stopp sagen, wenn die andere ihr nah genug gekommen war.

Dies sollte dafür sorgen, zu lernen, Stopp zu sagen, wenn einem eine andere Person nah genug ist.

Nach der Übung konnten wir unsere Wahrnehmungen und Gefühle den anderen Teilnehmern schildern.
Manche berichteten, dass sogar ein relativ großer Abstand für sie bereits zu nah sei.
Jeder nimmt den Abstand unterschiedlich wahr und fühlt sich dementsprechend wohl oder nicht. Mir selbst machte ein naher Abstand nichts aus, da die Nähe zu anderen Menschen nicht mein Problem gewesen war.

Eine andere Übung war sehr interessant, da diese das ganze Ausmaß meiner Pornografie-Sucht zeigte.

Wir saßen alle im Kreis und in der Mitte waren verschiedene Bilder verteilt. Jeder durfte ein Bild auswählen, welches ihm etwas bedeutete.
An mein Bild kann ich mich nicht mehr erinnern, da der Zugang zu meinem damaligen Inneren völlig durch Pornos blockiert war. Jedoch kann ich mich noch sehr gut daran erinnern, wie ein damaliger Mitpatient während des Klinikaufenthalts ein Bild einer leicht bekleideten Frau ausgewählt hatte.
Als ich dies sah, musste ich innerlich lachen und hatte wieder Zugang zu meinem Innern, da dieses Bild, das symbolisierte, was ich eigentlich wirklich wollte.
Einfach wieder ich und meine Pixelfrauen. Und niemand dazwischen, der einem versuchte einzureden, dass man ein Problem mit menschlicher Nähe habe!

Heute weiß ich, warum dieser Mitpatient mein Kumpel in der Tagesklinik gewesen war. Er war – genauso wie ich – abhängig von Pornos.

Über die Jahre lernte ich viele Menschen kennen, die eine Tagesklinik- oder Psychiatrie-Erfahrung hatten und abhängig von Pornos sind oder waren.
Es scheint fast so, als würden die Menschen durch den Konsum von Pornos mental erkranken, um dann Hilfe in einer psychiatrischen Einrichtung zu suchen.

Meine Therapie in der Tagesklinik ging weiter und ich durfte Dinge wie Puzzeln usw. tun.
Jedoch keine dieser Beschäftigungen half mir besonders, um wieder psychisch gesund zu werden. Ich war innerlich am Tiefpunkt angekommen und wollte nicht mehr leben.

Jeder der Patienten hatte einmal oder mehrmals in der Woche ein Gespräch mit einem Psychologen. Genauso hatte ich ein Gespräch mit meiner Psychologin und schilderte ihr den Fall, dass ich keine Lust mehr zu leben habe.
Sie nahm dies sehr ernst und überwies mich in eine vollstationäre Unterbringung, um mich vor Selbstmord zu schützen.

Ich war endgültig am Tiefpunkt meines Lebens angekommen und konnte nicht mehr tiefer fallen. Alles, was jetzt hätte noch kommen können, konnte nicht schlimmer sein.
Mein Inneres drehte völlig hohl und überlegte, wie dies nur hatte passieren können, dass ich hier gelandet bin, obwohl ich doch all die Jahre der absolute Playboy gewesen war.

Auf einmal passte das Außen absolut nicht mehr mit dem Inneren zusammen und ich bekam Panik.

Beides musste wieder in Einklang gebracht werden, um als Ganzes weiterhin existieren zu können.

Und nur während eines gescheiterten Selbstmordversuches, als ich drohte zu ersticken, sagte sich mein Körper:

Hey ... lass uns unser bisheriges Leben hinterfragen und vielleicht doch noch einen Weg finden, wie es weitergehen könnte.

Nur dank diesem Moment, indem es um Leben und Tod ging, war mein Körper bereit endlich auch die Droge Pornografie zu hinterfragen.

All die Jahre zuvor war mein Leben in Richtung Selbstzerstörung gegangen und nun erschien ein kleiner Lichtblick, der in eine andere Richtung zeigte.

»Annahme« war das Wort der Stunde und ich nahm an, dass es dort draußen ein besseres Leben geben würde, obwohl ich mir dies zum damaligen Zeitpunkt absolut nicht vorstellen konnte.

Die Wochen vergingen und irgendwann war der Zeitpunkt der Entlassung gekommen.

Ab sofort war ich wieder alleine in meiner Wohnung und musste mit dem Leben klarkommen. Pornos waren leider noch immer Bestandteil meines Lebens, jedoch war ich nun dazu bereit, auch diese zu hinterfragen.

Arbeitslosigkeit

Im Jahr 2017 befand sich mein Leben im freien Fall und die Therapie war der letzte Warnschuss gewesen.
Nach der Therapie im Frühjahr kündigte ich im Herbst meinen Beruf als Industriemechaniker, um mein Leben neu ausrichten zu können.

In der ersten Zeit nach der Therapie und Kündigung trat zwar noch keine Verbesserung meiner Situation ein, doch immerhin bekam ich nun, ohne etwas dafür tun zu müssen, Geld vom Staat.

Dies beflügelte mein Ego und ließ mich meinen, dass jeder dumm sei, der Arbeiten geht.

Am Anfang der Arbeitslosigkeit fühlte ich mich, als hätte ich den heiligen Gral entdeckt.

Sich jeden Tag mit den hübschesten Frauen per Porno fortzupflanzen und dann auch noch nicht einmal dafür arbeiten gehen zu müssen, war, als hätte ich den Jackpot geknackt.

Für meine geistige Gesundheit hingegen war dies auf Dauer nicht gerade sehr förderlich.

Doch dies störte mich am Anfang der Arbeitslosigkeit überhaupt nicht und ich fühlte mich super.

Ich wusste jedoch noch nicht, was ich ändern müsste, um eine Genesung meiner Gesundheit herbeiführen zu können.

Lediglich die Eigenschaft, Pornos zu hinterfragen, war nun vorhanden.

Die Zeit der Arbeitslosigkeit war auf Dauer sehr schwer auszuhalten und ich wollte manchmal zurück in die Klinik, da ich dort wenigstens Kontakt zu anderen Menschen hatte. Doch nun saß ich allein und arbeitslos in der Wohnung und wusste nicht, was ich tun sollte.

Durch Zufall lernte ich irgendwann bei einem Spaziergang andere Arbeitslose kennen, die gerade dabei waren, Fußball zu spielen. Einen kannte ich von früher aus der Stadt.

Wir unterhielten uns und ich merkte ziemlich schnell, dass sie ähnliche Probleme wie ich hatten.

Von nun an verbrachte ich fast jeden Tag mit dieser Truppe und wir spielten Monopoly, bestellten Pizza oder gingen zum Grillen in den Wald. Doch das psychische Kopfweh und die Selbstzweifel waren ein täglicher Begleiter, da ich Teil der normalen Gesellschaft sein wollte.
Dies war jedoch in meinem damaligen Zustand nicht möglich und ich verbrachte weiterhin meine Zeit mit den anderen Arbeitslosen.

Raus aus der Gesellschaft

Jeder Tag glich während der Arbeitslosigkeit dem anderen und ich lebte einfach so in den Tag hinein. Manchmal wusste ich nicht einmal, welchen Tag wir überhaupt hatten.

Das neue Leben und die damit verbundenen neuen Freunde brachten keine Verbesserung meiner Situation herbei.
Sehr viel unserer Kommunikation drehte sich um die Probleme und um die damit verbundenen psychischen Krankheiten.

Zu diesem Zeitpunkt wusste ich noch nicht, dass sie von der gleichen Superdroge, genannt Porno, befallen waren.

Jeden Tag versuchten wir, etwas zu tun, damit es uns besser ging. Meist bestand dies darin, sich etwas Gutes zu Essen zu kaufen oder einen Film zu schauen, bei dem man den Kopf einfach ausschalten konnte und nicht nachdenken musste.

Das »gute« Essen hatte nicht selten einen sehr hohen Zuckeranteil und bescherte uns somit nur einen kurzen Moment der Besserung.

Eines Abends spielten wir Monopoly in der WG einer Freundin und ihres Mitbewohners.

Zusätzlich zum Monopoly-Spielen bestellten wir noch eine Partypizza und ließen es uns gutgehen. Diese Partypizza war jedoch zu viel für uns und deswegen fragte ich meine Freundin, ob sie nicht ihren Mitbewohner fragen wolle, ob er Hunger habe und beim Monopoly-Spielen mitmachen wolle.

Diesen Mitbewohner hatte ich bis zu diesem Zeitpunkt noch nicht kennengelernt. Sie hatte mir zwar manchmal davon erzählt, dass sie einen Mitbewohner habe, dieser aber so gut wie nie aus seinem Zimmer herauskomme. Doch diesmal versuchte sie es und klopfte an seine Tür. Es dauerte eine Weile, bis diese sich öffnete und sie ihn fragen konnte. Er sagte überraschenderweise ja und gesellte sich zu uns.

Dieser Mitbewohner wurde einer meiner besten Kumpels und von nun an verbrachte ich fast jeden Tag mit ihm zusammen beim Grillen im Wald und wir sprachen über Dinge, die uns belasteten und wie wir sie in ein anderes Licht rücken könnten.

Vor allem der Moment der Entfachung des Feuers beim Grillen war gigantisch und sorgte für eine kurze Erlösung von dem psychischen Kopfweh.

Für mich als Abhängiger war das normale Leben nämlich kaum auszuhalten, da der soziale Druck der Mitmenschen sehr hoch war.

Jeder erwartete von mir, dass ich als junger Mann einer geregelten Arbeit nachgehe und nicht zu Hause chille und jeden Tag in den Wald gehe, um zu grillen. Doch zu dem damaligen Zeitpunkt hatte ich nicht die nötige Energie, um diesem gesellschaftlichen Ideal zu entsprechen.

In einer anderen Welt angekommen

Während der Arbeitslosigkeit lachten wir über die Gesellschaft, um unsere psychische Gesundheit zu bewahren. Schlussendlich war dieses Lachen eine Fata Morgana, da jeder von uns bis zu diesem Zeitpunkt im Leben noch nichts erreicht hatte.
Jeder von uns redete sich allerdings ein, der Größte zu sein, da er sich ja jeden Tag mit den schönsten Frauen fortpflanzte.

Mit einem gemieteten BMW fuhren wir sogar einmal über das Gelände des Jobcenters und hörten das Lied »Hartz4 und der Tag gehört dir!«

Währenddessen bildeten wir uns ein, die Schlausten zu sein und das Leben durchgespielt zu haben.

Dies war jedoch Selbstbetrug par excellence und keiner von uns wollte ihn hinterfragen.

In solchen Momenten fühlten wir uns gut und konnten unsere Probleme für eine kurze Zeit vergessen.

Während der Arbeitslosigkeit hatten wir sehr viel Zeit, um die Dinge unseres bisherigen Lebens zu hinterfragen und in ein neues Licht zu rücken.

Durch diese Zeit des Hinterfragens der Dinge, anstatt sie einfach aktiv zu ändern, stellte sich eine neue Gewohnheit und Lebensweise ein.

Diese Lebensweise sorgte dafür, dass ich irgendwann den Rat eines neuen damaligen Kumpels befolgen konnte.

Wir waren in meiner Wohnung und ich kochte für uns drei. Und irgendwann, zwischen Kochen und Essen, meinte der neue Kumpel zu uns, dass wir den »Scheiß« mit den Pornos und der Masturbation sein lassen sollen.

Ich verstand zuerst nicht, wie er das meinte, da dies doch all die Jahre mein Schatz gewesen war. Doch ich befolgte seinen Ratschlag, weil es mir immer noch nicht besser ging, und ließ das mit der Masturbation und den Pornos sein.

Und das – was dann geschah – hielt ich nicht für möglich!

Die erste Woche der Enthaltsamkeit war die heftigste Woche seit Jahren in meinem Leben und ich konnte nicht glauben, dass man so viel Energie haben kann.
Zum ersten Mal hatte ich genug Energie, um am normalen Leben teilzunehmen.

Draußen voller Energie unterwegs sein, Freunde treffen und Dinge unternehmen, war von nun an kein Problem mehr und das Leben verbesserte sich in kleinen Schritten.

Nach einer Woche gab es zwar einen Rückfall, jedoch hatte ich nun mein wahres Problem begriffen und von der neuen Lebensenergie geschnuppert und wollte mehr davon haben.

Pixel-Abhängigkeit

Fast jeden Tag versuchte ich am PC während der Arbeitslosigkeit eine Veränderung in Form von Videos schauen herbeizuführen.

Dies war jedoch nicht möglich, da mein Gehirn nicht nur von Pornos, sondern von den Pixeln allgemein abhängig war.

Einstein meinte einst »Probleme kann man niemals mit derselben Denkweise lösen, durch die sie entstanden sind«. Und genau das traf auf mich zu!

Wie sollte ich meine Abhängigkeit von Pornos bekämpfen, wenn ich ständig vor dem Dealer, genannt Bildschirm, saß und mir sich bewegende Pixel anschaute?

Der Bildschirm kann einem vernünftige Videos zeigen oder Pornos!

Es verhält sich wie bei einem Alkoholiker, der nichts mehr trinkt, aber schon ein kleines bisschen Alkohol ausreicht, damit er rückfällig wird.

Und genauso verhält es sich bei der Pornosucht. Ein kleines bisschen nackte Haut einer Frau auf einem Bildschirm reicht aus, um rückfällig zu werden.
Dies geschieht völlig automatisch und du hast kaum eine Kontrolle darüber.

Mir erging es über Jahre hinweg so, dass ich nackte Haut in einem Video oder auf einem Bild sah und dann weiter auf eine Pornoseite klickte.

Vor meinem Pornokonsum hingegen waren es nackte Bilder in Zeitungen oder im Fernsehen gewesen, die ausgereicht hatten, um meine Fantasie zu triggern.

Pornos hingegen waren ein Schritt zu viel und ich konnte mein normales Leben nicht mehr meistern.

Die Zeit vor den Pornos war, als hätte ich jeden Tag ein zwei Bier in Form von Nacktbildern und der damit verbundenen Masturbation getrunken.

Ab dem Konsum von Pornos verhielt es sich so, als hätte ich jeden Tag eine Flasche Vodka getrunken.

Auf Dauer sind ein bis zwei Bier am Tag nicht so schlimm und wesentlich besser zu verkraften als täglich eine Flasche Vodka.
Doch wenn du täglich eine Flasche Vodka trinkst, bist du in der Zukunft sehr stark davon abhängig und kannst kaum noch ohne das Suchtmittel leben.
Dies passierte mir und ließ mich sogar glauben, dass das Suchtmittel Porno meine Partnerin sei.

Meine Partnerin

So gut wie jeden Tag musste ich nur an das Handy oder den PC denken, um Suchtdruck zu verspüren, da dort unterbewusst meine Pixel-Freundin in Form von Pornos auf mich wartete. Es war, als hätte ich mit einem digitalen Gerät interagieren müssen, um mit meiner Partnerin (Porno) Kontakt haben zu können. Stunde um Stunde verbrachte ich vor dem PC, schaute YouTube-Videos und lernte ab und zu ein bisschen Mathematik und Programmieren. Doch der generelle Konsum von sich bewegenden Pixeln stand im Vordergrund. Mein ganzes Leben lang wurde mein Gehirn auf sich bewegende Pixel konditioniert. In der Kindheit begann die Konditionierung durch Kindersendungen im Fernseher und im Jugendalter wurde dies durch Actionfilme usw. fortgeführt. Und irgendwann kam im Jugendalter auch noch der PC hinzu, der es mir ermöglichte, ständig mit den sich bewegenden Pixeln zu interagieren. Ich kann mich noch genau daran erinnern, als ich damals bei einem Kumpel ein Spiel auf seinem PC spielte und sofort davon gefangen war. Dies war der erste Zeitpunkt in meinem Leben, ab dem es möglich war, mit den Pixel zu interagieren. Bis zu diesem Zeitpunkt konnte ich sie nur anschauen, aber nicht durch gezielte Aktionen bewegen. Sich bewegende Pixel wurden ab diesem Moment zum festen Bestandteil meines Lebens.

Vermutung: Die ersten Jahre unseres Lebens sind wir sehr viel mit dem Lernen von Bewegungsabläufen beschäftigt. Wir lernen laufen und unsere Hände und Arme zu bewegen. Sprich, diese Bewegungen sind sehr tief in unserem Gehirn verankert. Wenn dann diese Gehirnareale beim Pornokonsum oder Videospielen aktiv sind, weil man sich währenddessen dazu bewegt, verankern sich diese Gewohnheiten wesentlich stärker im Gehirn.

Ehrenamt

Ein Kumpel nahm mich manchmal auf die Ausflüge seiner Senioren mit, da er in ihrem Altenheim ein Ehrenamt ausführte.

Einmal fuhren wir an einem schönen Sommertag gemeinsam an einen nahegelegenen See.

Dieser und folgende Ausflüge waren meine ersten Schritte zurück in die Arbeitswelt, da ich den Senioren manchmal sprichwörtlich unter die Arme greifen musste.
Berührungen dieser Art waren zu Beginn für mich eine Herausforderung, aber mit der Zeit gewöhnte ich mich daran und merkte, dass es mir sehr guttat, ein Gefühl des Gebrauchtwerdens zu verspüren.
Trotz dieser anfänglichen Berührungsprobleme merkte ich mit der Zeit, dass mir diese Tätigkeit sehr viel Spaß machte. Und irgendwann wurde ich gefragt, ob ich es mir nicht vorstellen könne, eine ehrenamtliche Tätigkeit als Fahrer dieser Senioren auszuüben.
Normalerweise hätte ich für so eine Entscheidung eine gewisse Zeit benötigt, jedoch hatte ich einen langen Leidensweg hinter mir und musste somit nicht viel darüber nachdenken und sagte zu.

Endlich wieder eine Beschäftigung!

Meine ehrenamtliche Tätigkeit bestand darin, die Rentner von zu Hause abzuholen und in die Tagespflege eines Pflegeheims zu fahren.
Dies stellte einen kleinen Lichtblick in meinem bisherigen Leben als Abhängiger von Pornos und Masturbation dar, da ich all die Jahre in meiner Welt gefangen war und mich nicht um andere kümmern musste. Und plötzlich musste ich mich um andere Menschen kümmern und auf sie aufpassen, da die Rentner sehr viel Hilfe benötigten.

Viele von ihnen waren dement oder konnten kaum noch laufen.
Dies erforderte ein unter-die-Arme-Greifen, um sie in den Bus hinein- oder hinauszubegleiten.

Nach all den Jahren der Isolation und der Einsamkeit war dies eine gute Möglichkeit, mein Gehirn zurück in eine soziale Richtung zu lenken.

Doch ohne den stückweisen Verzicht auf Pornos und den Ratschlag meines Kumpels wäre die Ausführung einer zehnstündigen Tätigkeit pro Woche nicht möglich gewesen.

Die ersten paar Wochen stellten eine große Herausforderung für mich dar, da ich es nicht gewohnt war, jeden Morgen so früh aufzustehen, um einer geregelten Arbeit nachzugehen.

Das Jahr der Arbeitslosigkeit hatte seine Spuren hinterlassen und ich musste mich Stück für Stück in ein normales Leben zurückkämpfen.

Bis zu diesem Zeitpunkt konnte ich täglich tun und lassen, was ich wollte. Und diese tägliche Freiheit aufzugeben, war nicht leicht.
Doch meine innere Vernunft siegte, indem sie mir sagte, ich müsse mich anstrengen und könne nicht einfach so in den Tag hineinleben.

Wahrscheinlich ist es meiner frühkindlichen Erziehung zu verdanken, dass ich mich nie vollständig habe gehenlassen und trotz alledem neue Dinge lernen wollte.

Schwieriger Start

Der erste Morgen meiner ehrenamtlichen Tätigkeit war super hart und kaum auszuhalten.
Ich kann mich noch genau daran erinnern, wie ich an einer Kirche vorbeilief und es mein Gehirn förmlich zerriss. Es fühlte sich an, als müsse ich einen hundert Kilogramm schweren Sack hinter mir herziehen, der mir einredete, ich solle wieder nach Hause gehen, um zu chillen.
Zum Glück hörte ich nicht auf diese Stimme und fing mein Ehrenamt wie vereinbart an.

Während des Ehrenamts lernte ich wieder Verantwortung für mich selbst und für andere zu übernehmen, was mir in meiner Welt der Isolation sehr half.

Einen Bus voller Menschen zu lenken und sicher ans Ziel zu bringen, ist manchmal nicht leicht. Vor allem nicht, wenn diese Menschen dement sind und plötzlich aus dem Bus aussteigen wollen.
Einmal war genau dies der Fall und ein älterer Herr meinte, er steige jetzt aus dem Bus aus, weil er doch hier wohnen würde.

Diese Verwirrtheit war seiner fortgeschrittenen Demenz zu verdanken, da er sich nur noch an die Zeit in seiner Kindheit erinnern konnte.

Und als Kind hatte er dort gewohnt!

Somit öffnete er während der Fahrt die Schiebetür und stieg aus. Ich konnte gerade noch rechtzeitig abbremsen, parkte das Auto am Straßenrand und folgte ihm zu seinem alten Haus, in dem er als Kind gewohnt hatte. (Wir durften als Fahrer die Türen aus versicherungstechnischen Gründen nicht verschließen.)

Wir kamen an seinem alten Haus an und er versuchte, die Tür zu öffnen.

»Warum steht mein Name nicht mehr an der Klingel?«, wunderte er sich.

Ich versuchte, ihn zu beruhigen.

»Ich bin auch schon oft vor der falschen Haustür gestanden. Das passiert jedem Mal.«

Zuerst schaute er mich ungläubig an, folgte mir dann aber doch zurück in den Bus zu den anderen.

Diese Situation zeigte mir, wie anstrengend die Realität manchmal sein kann.

In der Welt der Arbeitslosigkeit und des Porno-Konsums gab es solch schwierigen Situationen nicht!
Stückweise musste ich mich und mein Gehirn wieder an ein Leben mit Herausforderungen gewöhnen.

Nach all den Jahren des sich Treibenlassens war dies zu Beginn sehr schwer.

Doch die Dinge, die ich während des Ehrenamtes lernte, waren Gold wert und helfen mir bis heute weiter.

Der ältere Herr, der aussteigen wollte, und eine andere ältere Dame zeigten mir, dass wir uns häufig an Dinge aus unserer Kindheit besser erinnern können als an Dinge, die später im Leben geschehen sind. Abhängig ist dies jedoch von der Art und Schwere der Krankheit.

Die ältere Frau beispielsweise konnte sich nicht einmal an ihr letztes Essen erinnern. Aber Lieder aus ihrer Kindheit konnte sie ohne Unterbrechung mitsingen.

Unser Gehirn ist wie eine Pyramide (siehe Gehirnpyramide) aufgebaut und das Fundament unseres Gehirns, welches im Kindesalter ausgebildet wird, bleibt meist bis ins hohe Alter funktionstüchtig, da Fähigkeiten wie Gehen, Sprechen, Gestik und Mimik sehr früh in unserem Leben gelernt wurden.
Das Gedächtnis oder das Verinnerlichen von komplexen Inhalten hingegen erst später. Und genau mit Letzterem hatten die Senioren sehr große Probleme!

Natürlich hängt es davon ab, wie stark und vor allem welche Gehirnregionen im Alter und bei Krankheit betroffen sind.

Einmal während des Ehrenamts fuhr ich mit dem Bus voller Rentner auf einer Straße mit ungefähr siebzig km/h, plötzlich verlor ein Quadfahrer im Gegenverkehr die Kontrolle über sein Fahrzeug und fuhr frontal in uns rein.

Meinen Insassen und mir passierte nichts, jedoch verstarb der Quadfahrer kurz nach dem Unfall.

Einige Zeit nach dem Unfall, während einer Unfall-Nachbesprechung, kam die Stimme in mir hoch

Gehe zurück in deine alte Welt!

Dort ist es so viel bequemer.

Zum Glück hörte ich nicht auf diese Stimme und machte weiter wie bisher mit dem Kampf gegen die Sucht.

Minijob

Nach circa zwei Jahren der Arbeitslosigkeit und einem Jahr des Ehrenamtes nahm ich noch eine zusätzliche Tätigkeit auf Minijob Basis an.
Meine Aufgabe war es, Essen mit einem Lieferwagen in einer Großküche zu holen und an alte und behinderte Menschen zu verteilen.

Nun führte ich zwei Tätigkeiten aus und war fast vollkommen im alten Leben angekommen.
Dies war jedoch nur dank der Enthaltsamkeit möglich. Stück für Stück und immer zwei Schritte nach vorne und einer zurück sorgten dafür, dass mein Weg in ein besseres Leben geebnet wurde.

Die Arbeit der Essensauslieferung war sehr schön, da sie mir ein Gefühl von Sinnhaftigkeit bescherte.
Menschen Essen zu bringen, die alleine wohnen und kaum soziale Kontakte haben, stellte für mich ein riesiges Glück dar.

Wenn ich zur Tür hereinkam, standen sie meist schon mit funkelnden Augen da und freuten sich auf ihr Essen und den manchmal einzigen sozialen Kontakt am Tag.

Durch diese sinnvolle und Glück stiftende Tätigkeit merkte ich innerlich, dass der alte Sucht-Anteil in mir immer mehr dazu bereit war, sich in eine bessere Richtung zu entwickeln.

Eine Zeitlang belieferte ich eine Oma, die alleine wohnte und jedes Mal, wenn ich in ihre Wohnung kam und sie da in ihrem Wohnzimmer alleine und mit laufendem Fernseher sitzen sah, erinnerte sie mich an mich selbst.
Jahrelang war ich ebenfalls alleine in meiner Wohnung gesessen und hatte stumpfsinnig in den Bildschirm gestarrt.

Kein Mensch der Welt hatte mich damals aus dieser Situation herausholen können und genauso erging es dieser Oma, die sehr viel Zeit mit sich alleine verbrachte.

Ihre Kinder kümmerten sich nicht um sie und warteten nur darauf, bis sie das Haus vererbt bekamen.
Diese Oma und viele andere Senioren zeigten mir, was passiert, wenn man nur Zeit mit sich selbst verbringt und kaum Kontakt zur Außenwelt hat.

Mit der Zeit nämlich stellt sich ein geistiger Verfall ein, den man nur sehr schwer aufhalten kann.

Wenn man als Jugendlicher und junger Erwachsener zu viel Zeit mit den sich bewegenden Pixeln verbracht hat, so will man diese auch im Alter weiterhin konsumieren. Jedoch vereinsamt man dadurch und geht zu Grunde.

Scheinwelt

Die virtuelle Welt bot mir damals alles, was mein Altes, unbewusstes Ich wollte.

Unterhaltung in Form von YouTube, Filmen und körperliche Zuwendung in Form von Pornos. Und wenn ich mal etwas lernen wollte, konnte ich mir ein Lernvideo auf YouTube anschauen.

Ach ja, die Kommunikation mit WhatsApp und anderen Messengern hatte ich fast vergessen!

Es war die perfekte Scheinwelt und ich dachte, dass ich alles habe und es mir an nichts fehle.

Doch irgendwann ging es mir, wie im Kapitel Hölle bereits beschrieben, immer schlechter. Und wenn ich dann diese Senioren sah, die alleine in ihrer Wohnung saßen, war das wie ein Schlag ins Gesicht und Mitleid kam in mir hoch.

Oft saßen sie in ihrem Rollstuhl oder Sessel und hatten den Blick gebannt auf den Bildschirm mit den sich bewegenden Pixeln gerichtet. Es fühlte sich damals so an, als würden die Pixel dafür sorgen, dass ich wie in eine Art Trance-Zustand verfiel und nur wieder daraus erwachte, wenn ich Hunger oder Durst verspürte, oder wenn mich jemand anderes daraus befreite.

Diese Senioren zeigten mir, was mit mir in der Zukunft passieren würde, wenn ich mich nicht wieder in ein soziales Gefüge einbringen und weiterhin nur alleine mit den Pixeln leben würde.

Durch Zufall stieß ich irgendwann zu Hause auf ein Video eines Gehirnforschers, welcher darin erklärte, dass Menschen durch zu viel Einsamkeit erkranken können.

Diese Aussage brachte mich noch mehr zum Nachdenken und ließ mich nun auch das Alleine-wohnen grundlegend hinterfragen.

Wissen: Grund Nummer eins, warum Menschen psychisch krank werden, ist tatsächlich die Einsamkeit!
Dies stammt von dem Gehirnforscher und Psychiatrie-Leiter Prof. Manfred Spitzer. Es ist laut ihm der häufigste Grund, warum Menschen zu ihm in die Psychiatrie kommen. *Quelle 26

Aufbruch in eine neue Welt

Eines schönen vormittags schlenderte ich durch die Stadt und sah einen Kumpel vor einem Café sitzen.
Er trank einen Kaffee und genoss den Tag und ich setzte mich zu ihm und unterhielt mich mit ihm eine Weile.

Nach einer gewissen Zeit kam noch ein weiterer Kumpel dazu. Nun saßen wir zu dritt da und unterhielten uns. Und beiläufig erzählte mein Kumpel, dass in seiner WG ein Platz frei werden würde.
Zuerst meinte sein Kumpel, er würde jemanden kennen, der Interesse an dem Zimmer haben könnte. Jedoch ging es mir zu diesem Zeitpunkt, dank Pornos und dem vielen Alleinsein, noch nicht wirklich besser und ich ergriff sogleich die Chance und meinte, dass ich das Zimmer gerne sehen würde.

Erstaunlicherweise war dies sofort nach dem Kaffeetrinken möglich und er zeigte mir das Zimmer.
Nach der Besichtigung zögerte ich nicht lange und sagte unmittelbar zu. Endlich hatte ich wieder eine Perspektive, um zurück in die Gesellschaft zu kommen.

In mir kam eine Aufbruchsstimmung auf und ich fing sofort damit an, alle unnötigen Dinge in meiner Wohnung zu verschenken oder zu verkaufen, da das neue WG-Zimmer nicht so viel Platz wie meine Wohnung bot.

Es war überraschenderweise superleicht, alles Mögliche herzugeben, obwohl ich diese Dinge doch über die Jahre teuer gekauft hatte.
Dennoch überwog das Leiden all der Jahre und ich konnte – und vor allem wollte – loslassen.

Nach der Verkaufs- und Verschenk-Aktion blieben nur noch wenige Dinge übrig.
Ein Sofa, ein paar Klamotten, Schuhe und natürlich mein Computer und Beamer.
Letztgenanntes durfte nicht fehlen, da ich noch immer ein Pixel-Abhängiger war.

Die Heilung

Von nun an wohnte ich in einer WG und sehr schnell ging es mir in Verbindung mit dem eingeschränkten Pornokonsum psychisch wesentlich besser.
In meinem neuen WG-Zimmer angekommen, drehte sich zuerst alles darum, wie ich das Sofa richtig positionieren könne, damit die Projektionsfläche des Beamers möglichst groß ist.

Pixel, Pixel, Pixel, waren alles, was mein Gehirn wollte und um was sich meine Gedanken drehten.

Als würde es nichts Wichtigeres geben!

Doch mit der Zeit lernte ich die anderen Mitbewohner meiner WG kennen und merkte, dass es auch noch ein Leben außerhalb der Pixelwelt gab.
Mein Zimmer befand sich direkt neben dem Eingang zur WG. Sprich jedes Mal, wenn jemand zur Tür hinein oder hinaus ging, konnte ich ihn oder sie sehen. Somit nahm ich über die Zeit mehr oder weniger unterbewusst wahr, wie ein soziales Leben aussieht und dass es nicht nur die Pixel des Beamers, Computers oder des Handys gibt.
Die erste Zeit in der WG saß ich überwiegend vor dem Computer oder Beamer, da ich mir dieses Verhalten über die Jahre des alleine-Wohnens angeeignet hatte.

YouTube schaute ich am meisten, gefolgt vom Gaming und zu guter Letzt die Pornografie. Letzteres brachte mich aber nicht mehr aus dem Gleichgewicht, da ich den Konsum der Pornografie bereits eingeschränkt hatte. Anstatt wie früher, einmal täglich einen Porno anzuschauen, konsumierte ich sie nun im Schnitt einmal wöchentlich. Dies war schon um Welten besser und ich konnte mich dadurch wesentlich besser auf das normale Leben konzentrieren.

In der WG lernte ich zum ersten Mal in meinem Leben ein vernünftiges Miteinander kennen.
Mit mir waren wir zu viert und alle drei Mitbewohner kamen aus einem Haushalt, in dem der Fernseher nicht so oft lief. Die Zimmertüren meiner Mitbewohner waren die meiste Zeit des Tages geöffnet und wurden nur über Nacht geschlossen.
So eine Art des Zusammenlebens hatte ich bis zu diesem Zeitpunkt noch nicht kennengelernt!

Die Anfangszeit in der WG war für mich ein bisschen ungewohnt, aber mit der Zeit passte ich mich dem Lebensstil an und ließ auch meine Türe geöffnet. Und siehe da, es machte mir nichts aus und ich konnte mich in eine sozialere Richtung entwickeln.

Jedoch war ich noch nicht frei von dem Laster der Pornografie.

Die Enthaltsamkeit

Durch Zufall stieß ich im Internet auf die Enthaltsamkeits-Bewegung.

Dies sind Menschen, die über Monate hinweg nicht mehr masturbieren und auch keine Pornografie konsumieren. Die Faszination meinerseits war sehr groß und ich wollte es unbedingt selbst ausprobieren.

Was dann geschah, war wie ein Wunder!

Nach meinem ersten Monat der Enthaltsamkeit war es mir möglich, in die USA zu fliegen, um dort Urlaub zu machen.

All die Jahre hatte ich davon geträumt, aber nie fühlte ich mich emotional stabil genug.

Doch diese zwei Wochen Urlaub in Florida haben mir gezeigt, wie schön das Leben ist und dass es mehr gibt als die Pixelwelt.

Jedoch kam zurück in Deutschland eine Zeit der Rückfälle und der emotionalen Instabilität.

Irgendwann ging es mir wieder schlechter und ich wollte zur alten Stärke zurückfinden.

Also begann ich, enthaltsam zu leben und dieses Mal geschah etwas noch Krasseres als die USA-Reise.

Nach zwei Wochen der Enthaltsamkeit fing ich mit der Programmierung einer App an.

Diese stellte ich nach drei Monaten der Programmierung und Enthaltsamkeit fertig.

Während dieser Zeit stellte sich eine große Lebenszufriedenheit bei mir ein.

Ein Ziel zu haben und voller Lebensenergie zu sein, um diesem nachzugehen, hatte ich zuvor nicht kennengelernt.

Entwicklung sozialer Fähigkeiten

In der WG lernte ich sehr viel Sozialkompetenz und unterdrückte meine Überheblichkeit, denn ich wusste, wenn ich hier rausfliegen würde, wäre es das mit meinem Leben gewesen.

Und somit … musste ich mich also nun sozial anpassen!

Während der ersten Monate wollte ich nur aus der WG fliehen, da ich ein Zusammenleben mit anderen nicht gewohnt war.
Über die Jahre hinweg hatte ich mich zum Egoisten entwickelt und auf einmal waren da andere Menschen, auf die ich Acht geben musste und bei denen ich es mir nicht leisten konnte, andere zu beleidigen oder respektlos zu behandeln.

In der WG lernte ich Menschen kennen, die weitestgehend ohne Pornos lebten und ein gesundes Leben führten.
Ich schaute mir ihren Lebensstil ab und ging mehr und mehr in ihre Richtung, da ich ein Leben als Abhängiger nicht mehr führen wollte.

Anfangs war es für mich sehr schwer in diese Richtung zu gehen, da mein Körper am liebsten vor dem PC saß, um YouTube zu schauen und um zu zocken.

Doch der Alltag der Lebensfrohen faszinierte mich und ich wollte herausfinden, ob ein Leben ohne Pornos, Zocken und

YouTube einen wirklich glücklicher machte.

Somit nahm ich mehr und mehr am gemeinschaftlichen Leben in der WG teil.

Der Kumpel, der mich überhaupt erst in die WG gebracht hatte, ermöglichte mir durch seine Achtsamkeit einen möglichst sanften Einstieg in die WG.
Er verstand es, meine Welt als Abhängiger und die Welt der anderen miteinander zu verbinden.
Trotz seiner Bemühungen war der Anfang sehr hart, da mich meine schöne tolle Online-Welt allzu oft rief und es dort keine Probleme gab.

In der Realität gab es sehr oft zwischenmenschliche Probleme und ich musste lernen, mit diesen umzugehen.
Es war, als hätte ich in dieser Zeit ein neues Gehirn bekommen und manchmal fühlte es sich sogar so an, als würde es mir das Gehirn in zwei Stücke zerreißen.
Mein Körper jedoch wollte das Porno-Ich nicht loslassen, da er sich so sehr an ein Leben ohne Aufwand gewöhnt hatte. Doch die andere Stimme in mir wollte überleben und in die Richtung der anderen WG-Mitbewohner gehen.

Wissen: Unser Körper nimmt immer den Weg der geringsten Anstrengung, um das ultimative Ziel der Nahrungsbeschaffung und der Fortpflanzung zu erreichen. Und um eine echte Frau zu bekommen, muss der Körper normalerweise sehr viel Energie aufwenden. Da ist es schon wesentlich einfacher, den kurzen Weg der Pornografie und der Masturbation zu gehen, da dieser kaum Energie verbraucht. Und um sich per Pornos »fortzupflanzen«, bedarf es sehr wenig an Energie und Aufwand.

Unserem Unterbewusstsein ist es egal, ob wir uns mit einem Porno oder mit einer echten Frau fortpflanzen. Für dieses Reptiliengehirn zählt nur der Orgasmus, da dieser über Millionen von Jahren der Evolution für unsere Genweitergabe verantwortlich war. Ebenfalls ein Grund, warum uns Pornos so sehr fesseln, ist, dass wir als Männer sehr stark auf sexuelle optische Reize reagieren, da uns diese den Weg zur Genweitergabe zeigen. Doch heutzutage zeigen sie uns keinen Weg mehr zur Genweitergabe auf, sondern einen Weg in die Abhängigkeit.

Soziale Netzwerke und Pornoseiten verdienen sehr viel Geld dadurch, weil wir denken, dass sich hinter dem Bild einer Frau beim Porno oder in einem sozialen Netzwerk eine echte Frau verbirgt. Doch nur selten lernen wir diese Frau dann auch im echten Leben kennen.

*Quelle 27

Der Zwiespalt

Den Weg der Abhängigkeit wollte ein Teil meines Körpers weiterhin beschreiten. Doch der andere Teil wollte mein normales, altes Leben führen, wie ich es in der Kindheit kennengelernt hatte.

Allerdings war es sehr schwierig, den Körper auf einen gemeinsamen Nenner zu bringen, da jeder Teil in eine andere Richtung gehen wollte.

Diesen Übergang hinzubekommen, war sehr hart, da eine Porno- und Masturbationssucht, eine stoffgebundene- / Verhaltens-Sucht ist.

Sprich, man muss neben dem Weglassen der Pornos auch sein eigenes Verhalten vor und nach dem Konsum betrachten und gegebenenfalls ändern.

Ich beispielsweise habe über die Jahre hinweg vor dem Konsum der Pornos einen Mittagsschlaf gemacht und musste nun auf diesen verzichten.

Diese Maßnahme war notwendig, da mein Gehirn eine starke Verknüpfung zwischen Orgasmus und Mittagsschlaf über die Jahre geschaffen hatte. Ich bekam immer Lust auf Pornos, wenn ich im Begriff war, einen Mittagsschlaf zu machen.

Wissen: Bei einer Verhaltenssucht muss man sein Verhalten ändern, um gar nicht erst getriggert werden zu können.
Jedes Verhalten, das in Richtung Masturbation und Pornokonsum geht, muss geändert werden!

*Quelle 28

Mittagsschlaf -> Pornokonsum ändern zu Spaziergang -> Essen kochen.

Nackte Haut gesehen -> Pornokonsum ändern zu Wegschauen -> Musik hören.

Also Dinge, die einen triggern erst gar nicht mehr ausführen, da man nur so die Suchtstruktur im Gehirn nach und nach austrocknet, um sie durch neue Gewohnheiten ersetzen zu können.

Mit der Zeit fiel mir dies immer leichter und ich konnte neue Verhaltensweisen an den Tag legen.
Vor allem sah ich bei meinen Mitbewohnern, welche anderen Verhaltensweisen es noch so gab.
Beispielsweise mittags einen Spaziergang machen, anstatt einen Mittagsschlaf abzuhalten.

Das Suchtverhalten

Aber um die Sucht gänzlich loslassen zu können, musste ich auch meine lustvollen Fantasien abstoßen, da diese über die Jahre zu einem vertrauten Teil in mir geworden waren.

YouTube Inhalte mit nackter Haut wurden geblockt, da diese mich hätten triggern können.

Alles Erdenkliche wurde von mir unternommen, um mit keinen sexuellen Inhalten mehr in Berührung zu kommen.
Kumpels, die mir pornografisches Material per WhatsApp schickten, teilte ich mit, dass ich diese Dinge nicht mehr sehen möge und dass sie mir diese nicht mehr schicken sollen.

Ich ließ also immer mehr und mehr los und ging in die reale Welt über.
Gefährlich wurde es, als ich einmal irgendwo einen sexuellen Reiz bekommen hatte und sich die Gedanken völlig in der Lust verirrten.

Es ist, als hätte ich das ganze Leben in einem Schlaraffenland gelebt, in dem ich den Orgasmus bekam, wann immer ich wollte.

Auf einmal merkte ich, dass ich ihn in der Realität nur bekomme, wenn ich eine Freundin habe.

Und dies bedeutet einen großen Aufwand, da ich etwas aus mir machen müsste, damit eine Frau ja zu mir sagen würde.

Jahrelang war alles sehr einfach und ich musste mich nicht anstrengen, um einen Orgasmus zu bekommen.
Doch diesen Preis bezahlte ich nun und musste mein Leben umkrempeln, um wieder zurück in die Spur zu finden.

Die Schriften von Alfred Adler halfen mir sehr, um mein Leben wieder auf die Kette zu bekommen.

Er sagte nämlich, dass man drei Lebensaufgaben im Leben zu erfüllen habe. Erstens die der Arbeit, zweitens die der Freundschaft und drittens die der Liebe.
*Quelle 29

Die ersten beiden erfüllte ich, doch die dritte Lebensaufgabe hingegen, die der Liebe, war die mit Abstand schwierigste für mich, da es der eine Teil meines Körpers nicht einsehen wollte, sich so sehr anzustrengen, um eine Frau zu bekommen.

All die Jahre hatte ich die Liebe ja schließlich kostenlos und zu jedem Zeitpunkt bekommen. Doch diese neue Welt der Anstrengung hatte mit der alten Welt überhaupt nichts mehr zu tun. Und ich merkte, wie mein Körper innerlich immer mehr und mehr durchdrehte.

Wie kann es sein, dass ich so etwas Tolles wie Pornos und Selbstbefriedigung aufgegeben habe?, dachte sich mein Körper.

Er rebellierte ständig und es brauchte sehr viel Energie, um ihn von der alten Welt der Abhängigkeit in die neue reale Welt zu führen.

Neue schöne Welt

Es war nun wichtig, meinem Körper neue schöne Wege aufzuzeigen, wie man das Leben ohne Sucht gestalten könnte.

Jedes Mal, wenn ich mir wieder einredete, dass alles sinnlos wäre, weil ich jetzt keine Pornos mehr hatte, zählte ich mir schöne Dinge auf, die ich heute stattdessen tun könnte.
Cookies essen, einen Freund besuchen, eine Fahrradtour, einen Spaziergang zu einem Aussichtspunkt oder später Pommes essen in der Pommesbude eines Kumpels.
Es ging einfach darum, auftretende Suchtgedanken mit neuen schönen Erlebnissen zu verknüpfen.

Damals war es vom Gefühl her so, als müsste ich meinem inneren kranken Ich aufzeigen, welche schönen Dinge es da draußen in der realen Welt zu erleben gibt.

Das innere kranke Ich rebellierte ständig und wollte nur loslassen, wenn Dinge wie Zucker (Cookies), Fett (Pommes) oder eventueller Sex (Frau bei Spaziergang kennenlernen) auf dem Plan standen.

Das mit dem Sex hat nur ein einziges Mal innerhalb von drei Jahren funktioniert und sie wurde zu meiner Exfreundin. Im Virtuellen hingegen – dank den Pornos – funktionierte dies ein »bisschen« öfter als einmal in drei Jahren!

Umdenken und Vorangehen waren die Dinge, die bei der Umprogrammierung des Gehirns von Nöten waren.

Im Englischen gibt es einen Spruch: Move first, feelings will follow!
Durch Zufall hatte ich diesen Satz irgendwo mal gehört oder gelesen.
Ohne ihn wäre es mir wesentlich schwerer gefallen, eine Veränderung meiner Sucht herbeizuführen, da man so in den Suchtgedanken gefangen ist, dass man sich etwas anderes gerade sehr schwer bis kaum vorstellen kann.
Doch wenn du dich einfach bewegst und beispielsweise einen Spaziergang machst, kommst du auf andere Gedanken und kannst dann das alte, süchtige Ich für ein paar Minuten oder Stunden ausschalten.
Diese kurze Zeit reicht schon, um neue Verhaltensweisen zu kultivieren.
Je öfter du diese neuen Verhaltensweisen an den Tag legst, desto leichter wird es in der Zukunft, nicht mehr so oft an die Sucht denken zu müssen.

Verhaltensweisen lassen sich nur durch eine Umprogrammierung des Gehirns erreichen.
Dies ist möglich, wenn wir jedes Mal bei einem Suchtgedanken an etwas anderes denken.

Du darfst also dem Suchtgedanken nicht mehr nachgehen, sondern musst einfach an etwas anderes denken oder machen.
Und irgendwann geschieht es von ganz allein und du setzt dich in Bewegung oder denkst an etwas anderes.

Diese Umprogrammierung kann Wochen bis Monate dauern!

Sozialer Druck

Eine andere große Hilfe ging einher, da in der WG immer andere Menschen waren und ich kaum Privatsphäre hatte.
Dies war für mich sehr hilfreich, da ich so kaum Zeit hatte, meiner alten Sucht nachzugehen.

Oft kam es vor, dass ich wieder einem passiven Suchtverhalten wie YouTube, Zocken, Filme schauen und Mittagsschlaf nachgehen wollte. Doch zum Glück wurde dies in der WG sehr häufig unterbrochen, da ich durch ein Gespräch oder eine Unternehmung abgelenkt wurde.

All diese Dinge, die einen ablenken, hätte ich mir niemals während der ganzen Zeit, als ich alleine wohnte, vorstellen können.

Nur durch andere Menschen kommst du wieder in einen gesunden Rhythmus, wenn du zu viel Zeit mit dem Internet und den digitalen Geräten verbracht hast.

Fast jeden Tag bekam ich mit, wie Freunde meiner Mitbewohner zu Besuch kamen und ein geselliges Miteinander stattfand.

Mal fand ein gemeinsamer Spieleabend statt oder sie kochten zusammen und unterhielten sich danach stundenlang über irgendwelche Dinge und hatten einfach eine gute Zeit.

Mit der Zeit merkte ich bei mir selbst, dass ich mich in eine soziale Richtung entwickelte.

Mein Umfeld nahm dies auch so wahr und es kamen immer mehr Freunde zu Besuch.

Alleine das Mitansehen des Socializings meiner Mitbewohner und die Reduzierung des Pornokonsums hatten gereicht, dass ich wieder ein Mitglied der Gesellschaft werden konnte.

Wissen: Unser Gehirn formt sich durch sozialen Druck und kann sich auch im hohen Alter dadurch noch geringfügig verändern.
Dies kommt daher, da Menschen, die sich in der Geschichte nicht an Gesetze und soziale Normen gehalten haben, von der Gesellschaft umgebracht oder ausgeschlossen wurden.
Der Ausschluss aus einer Gesellschaft kam dem Tod für tausende von Jahren gleich und somit konnten diese Menschen ihre Gene wesentlich schwieriger weitergeben.
*Quelle 30

Dieser soziale Druck war ein Vorteil für mich und half mir, mich wieder in eine vernünftige Richtung zu entwickeln.

Ohne diesen großen sozialen Druck hätte ich eine Veränderung in meinem Gehirn nicht in diesem Maße herbeiführen können.

Wie die Gesellschaft funktioniert

In der WG gab es eine Person, die sozial sehr engagiert war und ständig für den Zusammenhalt der Gesellschaft kämpfte. Manchmal war mir dieses ganze Gehabe zu viel und ich hätte mich am liebsten mit ihm geprügelt. Voller Wut und Zorn war ich, da ich mit ansehen musste, wie diese Person durch ihre Arbeit und ihre Beziehungen zu anderen Menschen voll im Leben stand.

Ich selbst stand zu diesem Zeitpunkt nicht voll im Leben und deswegen kam Eifersucht in mir hoch, wenn ich ihn sah.
Damals wusste ich nicht, wie man in einem sozialen Gefüge richtig agiert und Bedürfnisse äußert, ohne gehasst zu werden. Er jedoch hatte all diese Eigenschaften und führte sie mir jeden Tag vor Augen.

Alle Glaubenssätze in mir und mein ganzes Verhalten und Denken rebellierten, wenn ich diese Person beobachtete und mit ihr kommunizierte.

Inzwischen weiß ich, dass ich ein »Digitaler« – mit Pornos, WhatsApp usw. – war und er ein Realist – mit Freundin, Arbeit und sehr geringem Konsum an Pixeln.

Diese Welten prallten damals aufeinander.

Doch ich ließ meine Welt los, da sie mich in den Abgrund gerissen hatte.

Zum Glück, aus heutiger Sicht, ließ ich sie los und kann nun dieses Buch schreiben, um dem ein oder anderen zu helfen.

Doch zu der damaligen Zeit fühlte es sich an, als würde sich mein Gehirn in zwei Teile teilen.

Die Heilung ging über Jahre und ich würde auch heute noch sagen, dass ich ein »trockener« Pornoabhängiger bin, welcher sehr bewusst auf sein Leben achten muss, damit er nicht wieder in alte Verhaltensmuster rutscht.

Frauenbild

Im Kindergarten und in der Grundschule war meine Wahrnehmung von Frauen noch ganz normal und ich nahm sie als einen Menschen wie jeden anderen wahr.
Doch als Pornos ins Spiel kamen, merkte ich, dass eine Frau und ihre damit verbundene Ausstrahlung von Sexualität zum Objekt meiner Begierde wurde. Es ging aber nicht darum, wie früher, einfach mit ihr zu kommunizieren und als normales Mitglied der Gesellschaft wahrzunehmen, vielmehr stand jetzt nur noch die Beobachtung im Vordergrund.

Wissen: Wenn du über Jahre Pornos konsumierst und sich dein Gehirn mit dem Beobachten einer Frau (Porno) verknüpft, kann es passieren, dass du ab einem gewissen Zeitpunkt Frauen nur noch beobachten möchtest, anstatt richtig mit ihnen zu interagieren. Dies ist mir vermutlich durch all die Jahre der Selbstbefriedigung und des Konsums von Pornos passiert! *Quelle 31

Anders kann ich es mir nicht erklären, dass ich ab dem Konsum der Pornografie nicht mehr mit Frauen reden konnte, obwohl dies bis zu diesem Zeitpunkt nie ein Problem für mich gewesen war. Bis heute kann ich mir das Phänomen des Verstummens, wenn ich mit Frauen reden sollte, nicht erklären.
Vielleicht kam es auch durch meine Angst, beim Gespräch als Pornokonsument von Frauen entlarvt zu werden, wofür ich mich dann schämte.

Frauen im Porno

In unserer täglichen Kommunikation dreht sich sehr viel um den eigenen Partner oder um eine begehrte Person. Im Porno hingegen wird kaum kommuniziert, im Porno herrscht eine regelrechte Kommunikationsarmut und die Darsteller beschränken sich meistens auf das Wesentliche. Wenn du nun selbst vor dem Bildschirm sitzt, kannst du mit den Darstellern nicht kommunizieren. Somit wird das Gehirn vermutlich über Jahre des Pornokonsums verändert und du denkst, dass du mit einer Frau nicht kommunizieren musst, um an einen Orgasmus zu kommen. Dies stimmt in der Realität jedoch nicht und somit kommst du hier zu keiner intimen realen zwischenmenschlichen Begegnung.
Ebenfalls sehen Frauen im Porno meist sehr gut aus und sind makellos, da diese überschminkt werden oder per Bildbearbeitung verschwinden.
In der Realität ist dies nicht möglich, dort schaut keine Frau perfekt aus und hat ihre Problemstellen, genau wie wir Männer.

Mein Gehirn hingegen wollte nur noch die perfekten Frauen haben, weil ich mich an diese durch die Jahre des Pornokonsums gewöhnt hatte.
Doch in der Realität eine Zehn von zehn wie im Porno zu bekommen, ist sehr schwer und du selbst bist in der Regel auch keine Zehn von zehn, was das Aussehen betrifft!

Blickkontakt im Porno

Pornos wurden zu meinem Leitfaden, wie man mit Frauen umzugehen hat, um an Sex zu kommen.

Ich musste ihnen nicht in die Augen schauen, da ich dies während des Konsums der Pornos nicht konnte, da die Darstellerin ihrem Kollegen in die Augen schaute und mit ihm zugange war.

Im echten Leben hingegen ist dies sehr wichtig, um eine gewisse Intimität und Verbindung aufzubauen.

Ich muss also nicht mit ihnen kommunizieren und wie ich aussehe, ist auch völlig egal!, dachte ich mir damals.

Dieser völlig falsche Leitfaden brachte mich kaum noch in eine reale Interaktion mit einer Frau.

Zum Glück änderte sich dies, als ich in die WG zog und wieder reale Interaktionen mit Frauen hatte.
Durch diese Gespräche konnte ich meine Objektivierung der Frau ein Stück weit ablegen und sie wieder, wie früher als einen Menschen wie jeden anderen wahrnehmen.

Fairerweise muss erwähnt werden, dass sexuelle Reize für Männer sehr attraktiv sind und wenn wir diese zu Gesicht bekommen, können wir kaum wegschauen und fühlen uns sehr dazu hingezogen.

Diese sexuelle Anziehung ist überhaupt erst der Grund, warum man auf eine Frau zugeht, und sie anspricht.

Also eine zuerst objektive Betrachtung sorgt dafür, dass du die Initiative ergreifst, um eine Frau anzusprechen.
Während eines eventuellen nachfolgenden Gesprächs hingegen findet eine subjektive Wahrnehmung statt, da man sich gegenseitig in die Augen schaut.

Im Porno hingegen findet nichts von alledem statt. Stattdessen verkümmerst du innerlich und lernst so keine vernünftige Kommunikation mit einer Frau kennen.

Frauen Teil 2

Durch Jahre des Aufs und Abs mit und ohne Enthaltsamkeit merkte ich, dass sich mit der Zeit in mir etwas veränderte und ich bessere Beziehungen zu anderen Menschen aufbauen konnte.
Nach einer dreimonatigen Enthaltsamkeit lernte ich ein Mädchen kennen und spürte eine Anziehung zu ihr, wie ich sie noch nie zuvor in meinem Leben zu einer Frau gespürt hatte. Ich war so sensibel für die Welt der Sexualität, da ich drei Monate ohne jegliche sexuelle Aktivität gelebt hatte.

Mit diesem Mädchen verbrachte ich eine wunderschöne Zeit, aber eine Beziehung kam nicht zustande.

Nach dieser Zeit fiel ich in alte schlechte Gewohnheiten zurück, raffte mich dieses Mal jedoch schneller auf und fing wieder an, enthaltsam zu leben. Kurze Zeit später ging mein Leben in eine gute Richtung und ich begann nach einem Monat der Enthaltsamkeit, mein Abitur nachzuholen.

Ebenfalls ging ich eine Beziehung ein und erlangte das Abitur nach drei Jahren.

Während den zwei Jahren der Beziehung lebte ich ohne Pornos und konnte so meinen Kopf in einen normaleren Zustand versetzen.

Diese Beziehung war die erste in meinem Leben ohne den Konsum von Pornografie.
Nie zuvor hatte ich eine tiefere Bindung zu einer Frau verspürt als während dieser Zeit.
Und noch nie hatte ich die Erfahrung gemacht, dass jemand zu einem Teil von mir wurde.
Der Anfang der Beziehung hingegen war für mich sehr schwer, da ich diese Nähe und starke Anziehung nicht gewohnt war. Doch nach und nach fiel es mir immer leichter.

Mit achtundzwanzig Jahren war mir nun zum ersten Mal solch eine tiefe Bindung vergönnt gewesen.
Ich konnte mir sogar vorstellen, mit dieser Person Kinder zu haben und eine gemeinsame Zukunft aufzubauen.

Zuvor, während des Porno-Konsums, wollte ich noch eine Vasektomie machen lassen, um mich aus allen zukünftigen Verantwortungen herausziehen zu können.

Diese Vasektomie wäre der perfekte Schutz vor einem normalen Leben gewesen.
Ich hätte weiter fröhlich Pornos schauen können und hätte ich dann mal realen Sex gehabt, hätte ich keine Angst haben brauchen, dass dabei ein Kind entstanden wäre.
Nach der Beziehung jedoch fiel ich wieder in ein Loch und wurde rückfällig und der gleiche Kreislauf begann von Neuem. Doch mit dem Start der neuen Enthaltsamkeit-Phase gelang es mir, die längste »Streak« zu erzielen.

Dies war eine sehr intensive Phase, da ich das Handy meistens nur einmal in der Woche einschaltete und einen PC besaß ich zu diesem Zeitpunkt auch nicht mehr, da ich diesen im Frühjahr des Jahres 2023 verkauft hatte.

Enthaltsamkeit plus einem Verzicht an generellem Pixelkonsum wurden zu einem unschlagbaren »Game Changer« in meinem Leben.
Zu Beginn saß ich noch total gelangweilt in meinem Zimmer und wusste nicht, was ich nun ohne Handy und PC tun sollte. Doch nach ein paar Wochen der Eingewöhnung fing ich an, die Wohnung und den Garten aufzuräumen.

Mir war so langweilig, dass diese Dinge eine spannende Abwechslung darstellten.
Niemals im Leben wäre ich auf die Idee gekommen, die Wohnung und den Garten zu pflegen, wenn ich keine elektronischen Geräte mehr hätte, die einen ständig ablenkten.

Doch genau dies war der Fall. Es ging sogar noch weiter und nach Monaten der Enthaltsamkeit, des Pixel-Verzichts und dem Verkauf des PCs fing ich an, in den angrenzenden Wald zu gehen, um Holz zu holen und es zu Brennholz zu verarbeiten. Die Axt zu schwingen und eine Säge hin und her zu bewegen, war eine sehr gelegene Abwechslung, wenn man nicht wusste, was man tun sollte.
Sogar Dinge zu reparieren, die eigentlich Aufgabe des Vermieters waren, stellten keine Herausforderung für mich und meine Mitbewohner dar. Glühlampen, Rasenmäher und so weiter waren Dinge, die nun superspannend waren und es fühlte sich an, als hätte die digitale Welt alle realen Aufgaben im Leben überschattet, sodass man nicht sehen konnte, wie schön es ist, in einem sauberen und funktionierenden zuhause zu leben. Damals dachte ich, wenn ich generell auf den Konsum der Pixel verzichten würde, könnte ich auch nicht mehr von den Pixeln getriggert werden, um einen Porno schauen zu müssen.
Es funktionierte und ich konnte ein verantwortungsvolles Leben führen.

Jedes Mal, wenn wir ein normales Video auf unserem Handy oder anderem Pixel Gerät schauen, wird auch die Gehirnstruktur aktiviert, die während des Schauens der Pornos aktiv ist. Unser Gehirn sagt sich, dass der Bildschirm der gleiche ist wie während dem Schauen eines Pornos. Nur dass diesmal die Pixel anders angeordnet sind. Also jedes Mal, wenn wir ein normales Video schauen, oder alleine schon auf einen Bildschirm starren, wird auch automatisch unsere Suchtstruktur im Gehirn aktiv, da unser Gehirn nicht zwischen Porno und YouTube-Video unterscheidet. Unser Gehirn hat automatisch über die Jahre den Orgasmus mit auf-einen-Bildschirm-Schauen verknüpft. Dies verhält sich wie beim Pawlowschen Hund, dem über einen gewissen Zeitraum hinweg eine Glocke während des Essens geläutet wurde. Irgendwann hatte das alleinige Glockenläuten ausgereicht, damit er zu sabbern begann. *Quelle 40

Arbeit machte wieder Spaß

Um vier Uhr morgens aufzustehen, um zur Arbeit als Verkäufer für Holzofenbrot zu gelangen, war so gut wie keine Herausforderung mehr.

Ich war voller Energie dank der Enthaltsamkeit und des Pixel-Verzichts, sodass sich selbst Arbeitstage von zwölf Stunden und mehr wie eine einzige Stunde Arbeit anfühlten.

2023 bewarb ich mich um einen Studienplatz an einer Hochschule im Norden Deutschlands. Komischerweise stellte selbst dies so gut wie keine Herausforderung mehr dar, obwohl ich nun ans andere Ende Deutschlands ziehen musste.

Während all der Jahre des Konsums hätte ich mir dies nicht einmal ansatzweise vorstellen können, in eine fremde Stadt zu ziehen, ohne jemanden dort zu kennen.

Doch ohne Pornos und mit eingeschränktem Pixelkonsum war auch dies keine Hürde mehr.

Im Norden angekommen, fühlte ich mich sofort wohl und konnte vielerlei Aufgaben übernehmen, da die Energie dank Enthaltsamkeit nur so aus mir heraussprudelte.

Nach neun Monaten der Enthaltsamkeit lernte ich wieder ein Mädchen kennen, diese Begegnung war die intensivste, die ich bis zu diesem Zeitpunkt mit einem Mädchen in meinem Leben erfahren hatte.

Wir machten zusammen einen Ausflug nach Hamburg und was sich dort abspielte, war wie im Traum.
Ich hatte bis zu diesem Zeitpunkt immer gedacht, dass es diese Hollywood Liebesfilme in Wirklichkeit nicht gibt.
Doch es war genau wie in einem Film. Wir spielten »Suchen und Verstecken«, machten Quatsch und das alles dank der Enthaltsamkeit.
Leider kam es wieder zu keiner Beziehung, aber es war eine wunderschöne und unvergessliche Zeit.

Bis heute denke ich oft an diese Zeit zurück, da diese an Intensität noch nie in meinem Leben übertroffen wurde.

Die Welt eines Pornoabhängigen

In meiner Welt zur Zeit der Sucht war alles grau, dunkel und es existierte nur die Welt des Internets, Pornos und die des Gamings.

Skifahren, Fußballspielen oder Sonstiges waren Dinge, die keinen Spaß mehr machten.

Ich kann mich noch daran erinnern, wie ich einmal mit einem Kumpel und dessen Familie in einen Freizeitpark gefahren bin.

Eigentlich stellt solch eine Tour einen Höhepunkt im alltäglichen Leben dar und bedeutet einen riesigen Spaß.

Für mich jedoch, als Pornokonsument, war dies nur eine nette Abwechslung und nicht der eigentliche Höhepunkt.
Weil ich insgeheim wusste, dass zu Hause der Schuss Porno auf mich wartete.

Das normale Leben fühlte sich für mich an, als sei es etwas, das viel weniger Spaß macht als die virtuelle Welt.

In meinen Augen hätte man sich Dinge wie Skifahren, eine Urlaubsreise und einen Besuch in einem guten Restaurant auch sparen können.

Eine Urlaubsreise in ein fremdes Land hatte ich grundsätzlich gehasst, da man dort keinen uneingeschränkten Zugriff auf Pornos hatte.

Einmal im Urlaub war ich sogar so ausgehungert an Pornos, dass ich zu einem Mädchen ging und ihr sagte, dass ich sie hübsch finde.

Innerlich wollte ich aber meine Pornos wieder haben und mich nicht so sehr anstrengen müssen wie in der Realität.

Alles drehte sich nur noch ums Virtuelle und das reale Leben war ein notwendiges Übel, das man zu ertragen hatte, weil die Eltern es von einem forderten.

Es ist, als wäre die reale Welt die digitale Welt und die digitale die reale.

Viele Menschen sprechen bereits davon, dass wir heutzutage halb Mensch, halb Maschine seien.

Ich selbst fühle mich tatsächlich heute so, da ich meine alte digitale Welt nicht mehr völlig ändern und zurückdrehen kann.

Aussichtslose Welt

In der Welt der Pornoabhängigkeit fühlst du dich, als wärst du gefangen und als gäbe es keinen Weg nach draußen. Den eigenen schleichenden Verfall bemerkst du nicht, da du jeden Tag mit ein bisschen weniger Energie und Wahrnehmung der Außenwelt angehst.

Erst die Welt der Enthaltsamkeit zeigte mir, welche Schönheit und Gefühle die normale Welt zu bieten hat.

Die meiste Zeit meines Lebens verbrachte ich damit zu Zocken, Pornos zu schauen und YouTube zu konsumieren.

Doch im späteren Leben lässt sich damit in der Regel kein Geld verdienen.

Normalerweise fängt man schon als Kind oder Jugendlicher an, gewisse Fähigkeiten auszubilden, die einem später helfen, über die Runden zu kommen und gegebenenfalls eine Familie zu ernähren.

Bis heute jedoch habe ich große Probleme damit, ein normales Leben zu führen, da an jeder Ecke eine Pixel-Ablenkung lauert, die mich wieder in die alte Abhängigkeit führen könnte.

Gefühlswelt

Meine Gefühlswelt existierte während den Jahren des Pornokonsums nicht.

In der Kindheit besaß ich noch eine riesige Welt an Gefühlen. Wenn ich beispielsweise im Sommer durch das Gras rannte und es mich berührte, war dies eines der schönsten Gefühle. Ebenso die Zeit mit meinem Opa und mit meinen Cousins war jedes Mal ein wahres Geschenk Gottes und ich will es nicht missen wollen.

Jeder Tag war ein Geschenk und ich sog das Leben förmlich auf.

Ebenso sog ich das Familienleben, welches voller Gefühle und Emotionen war, voll auf.

Doch während des Konsums von Pornos starb diese Welt langsam ab und ich konnte zum Ende hin keine Gefühle mehr spüren.

Doch während des Beginns meiner ersten Enthaltsamkeitsphase 2017 war es mir zum ersten Mal nach dreizehn Jahren wieder möglich, Gefühle wie früher zu spüren.

Gefühlt war es so, als hätten die Pornos jeden Tag ein paar Gefühle getötet, bis zum Schluss keine mehr da waren und sich die Welt innerlich leer anfühlte.

Pornos sorgten dafür, dass sie aus mir einen gefühllosen Menschen machten.

Normalerweise stehst du morgens auf und freust dich auf einen Tag voller neuer Erfahrungen und Erlebnisse.

Doch ich fühlte nichts mehr, sondern funktionierte und agierte nur noch, wie es andere von mir verlangten.

Diese Gefühle sind jedoch sehr wichtig, da sie die Grundlage für tiefe Beziehungen sind und du durch die Gefühle zu jemandem wirst, dem nicht alles egal ist und der für gewisse Dinge einsteht.

Doch ich fühlte mich damals, als wäre ich bereits schon tot.

Mit gesenktem Blick und mit einem Rundrücken, der durch das viele vor-dem-PC-Sitzen kam, ging ich damals durch das Leben.

Zombies sehen ähnlich aus und ich fühlte mich wie einer.

Kinder

Niemals in meinem Leben konnte ich mir vorstellen, Kinder zu bekommen.
Erst als ich aufhörte, Pornos zu schauen und zu masturbieren, konnte ich mir dies nach einer gewissen Zeit vorstellen.
Bis heute weiß ich nicht genau, woran es lag, dass ich es mir erst dann vorstellen konnte, als ich eine gewisse Zeit lang enthaltsam lebte und wieder voll im Leben stand.

Während der Zeit als Abhängiger war diese Vorstellung vermutlich deshalb nicht möglich, da ich innerlich sehr schwach und unsicher war.

Wenn wir Kinder haben, können wir nicht mehr nur einfach vor uns hinleben und keine Energie haben. Wir müssen jeden Tag funktionieren und genug Essen für die Familie besorgen.
Die Zeit des Konsums und der Abhängigkeit ist dann vorbei und wir können uns nicht mehr einfach so gehenlassen. Diese Anstrengung war mir damals unterbewusst klar und ich vermied alles, um auch nur im Ansatz mit dem Kinderkriegen in Kontakt zu kommen.

Mein Körper sagte mir damals instinktiv, dass Kinder mit meinem damaligen Energieniveau nicht zu vereinbaren seien.

Ein Tag als Porno-Konsument und ein Tag als Familienvater sehen völlig unterschiedlich aus.

An dem Beispiel meines Vaters kann man sehr gut sehen, wie die Welt vor und während der Sucht aussah.

Der Tag des Konsumenten startet mit einem leeren Tank an Energie und er kann sich kaum für die Arbeit motivieren. Geschweige denn, dieser hat überhaupt eine Arbeit!

Die meisten Abhängigen, die ich kennengelernt habe – oder es bei mir selbst gesehen habe –, sind arbeitslos und haben nicht genug Energie, einer geregelten normalen Arbeit mit acht Stunden am Tag nachzugehen.

Und wenn diese nun Kinder haben, müssen sie grundsätzlich mehr als acht Stunden am Tag aufbringen, da die Kinder nach der Arbeit auf einen warten und zusätzlich Zeit fordern und unterhalten werden wollen.

Wenn ein Abhängiger jedoch nicht einmal eine Arbeit von vier bis acht Stunden am Tag hinbekommt, ist es auch kaum vorstellbar, Kinder in die Welt zu setzen.

Was sind Pornos überhaupt?

Wissen: Pornos sind eine Kunstform, um den Akt des Geschlechtsverkehrs darzustellen und aufzuzeigen. Ebenfalls wird der Akt im Porno übertrieben dargestellt, um eine bessere Vermarktung zu erzielen. Die Darstellung des Aktes hat jedoch mit der Realität nichts gemeinsam. Wenn du nämlich in der Realität mit einer Frau schläfst, schaut ihr euch in die Augen und konzentriert euch aufeinander. Im Porno sind Gefühle wie Vertrauen oder Einfühlungsvermögen selten zu finden, sondern die Triebe und Körperteile spielen hier die Hauptrolle. *Quelle 32

Damals, bei meiner ersten Freundin, dachte ich, unser Sex müsse genauso ablaufen wie in einem Porno. Diese Annahme war fatal und so konnte ich keine innige Beziehung zu ihr aufbauen.

Innerlich stand ich nämlich ständig unter Druck, abliefern zu müssen, genau wie ich es in den Pornos über all die Jahre gesehen hatte.

Pornos haben mit der Realität nichts gemein und wenn man zu viel Zeit mit ihnen verbracht hat, stumpft man innerlich ab und kann keine echten Gefühle in der realen Welt zu anderen Menschen aufbauen.

Während des Konsums von Pornos

Im Porno wird ständig auf die Geschlechtsteile gezoomt und es finden Handlungen statt, die sehr künstlich wirken.
In der Realität findet dies eher selten statt. Wenn man sich intim begegnet, ist nämlich kein Platz für Schauspielerei.

Vermutung: Jedoch verknüpft sich unser Gehirn mit dem ständigen Fokussieren auf die Geschlechtsteile während des Pornos neu. Wir verknüpfen dadurch den Orgasmus in uns mit einem Fokus auf die Geschlechtsteile und dem Performen einer Show. Dies könnte auch der Grund sein, weshalb Pornoabhängige Frauen als Objekte behandeln und ihnen nur auf den Hintern, Brüste usw. schauen. Im Porno werden sie als Objekte dargestellt, bei denen nur die sexuell attraktiven Körperregionen zählen. Die Kommunikation und das vorherige Kennenlernen mit Essengehen und so weiter wird nicht gezeigt und dargestellt. Somit denken wir, dass wir mit einer Frau nicht wirklich kommunizieren müssen, um an Sex zu kommen. Geld ausgeben für einen Restaurant-Besuch oder Ähnliches müssen wir auch nicht, da der Porno völlig kostenlos ist und es nur um den Geschlechtsakt und um die sexuelle Inszenierung geht. Somit wird vermutlich der Orgasmus – eines der schönsten Gefühle, die unser Körper überhaupt kennt – nicht mit dem in-die-Augen-Schauen einer Frau verbunden. Dies ist aber wichtig, um eine tiefe Bindung zu anderen Menschen aufbauen zu können.

Für einen Mann ist es ebenfalls sehr verheerend, so viele andere männliche Geschlechtsteile während des Pornos zu sehen.

Beim realen Sex mit einer Frau ist in der Regel kein anderer Mann anwesend. Doch beim Porno sehen wir andere Männer und ihre männlichen Geschlechtsteile, während des Orgasmus und der sexuellen Stimulation. Somit verknüpft sich das schöne Gefühl des Orgasmus auch mit dem Anblick männlicher Geschlechtsteile.

Beobachterrolle

Wenn wir Pornos schauen, werden wir zum Beobachter anderer Menschen, die Sex haben. Es ist so, als würden wir in unserem Zimmer sitzen und den Nachbarn beim Sex zuschauen. Der Konsum von Pornos macht aus uns einen Perversen, der es gewohnt ist, anderen beim Sex zuzuschauen. Normale Interaktionen werden so immer weniger möglich und das Leben verkommt zu einem Beobachten, da wir Abhängige durch Masturbation und Pornos gelernt haben, tolle Gefühle zu empfinden, wenn wir etwas beobachten. Das Gehirn beschränkt sich dadurch immer mehr und mehr nur aufs Beobachten und findet zu selten in die Interaktion mit einem anderen Menschen. Während dem Sex jedoch interagieren wir mit einem anderen Menschen und werden somit zum Akteur und nicht zum Spanner. Wahrscheinlich habe ich über die Jahre des Pornokonsums mehr männliche Geschlechtsteile gesehen als all meine weiblichen Vorfahren zusammen! Vermutlich ist das der Grund, warum heute immer mehr Menschen auf das gleiche Geschlecht stehen. Wenn wir nämlich während des Orgasmus Menschen gleichen Geschlechts beim Sex beobachten, verknüpft sich unser Gehirn vermutlich mit diesen Bildern, da während des Orgasmus sehr viel Dopamin ausgestoßen wird und dies die Verstärkung neuronaler Verbindungen fördern kann. *Quelle 33

Durch diese neuen Verknüpfungen kann es vermutlich passieren, dass wir uns plötzlich vom gleichen Geschlecht erregt fühlen. Gedanklich hatte ich mich zwar all die Jahre über auf die Frau im Porno konzentriert und ich dachte, dass ich mit ihr schlafen würde. Doch das Beobachten der männlichen Geschlechtsteile musste sich ebenfalls in meinem Gehirn eingebrannt haben. Es ist wie ein trojanisches Pferd, das man nicht sehen kann und das einen irgendwann unterbewusst verändert.

Fake Welt

Im Internet sehen wir Frauen und denken, dass diese unsere Partnerinnen seien, wenn wir über Jahre hinweg mit ihnen schlafen (Masturbation per Porno).

Wenn wir eine Beziehung mit der digitalen Welt in Form von Pornos, Gaming, WhatsApp und Filmen eingehen, kann es passieren, dass wir mehr in der digitalen Welt unterwegs sind als in der realen.

Die Realität geht über ins Virtuelle!

Irgendwann kann es sein, dass sich unsere ganze Familie, Freundin und Freunde im Handy und auf dem Computer befinden. Dies ist eine Fata Morgana, da sich in den Geräten keine echten Personen befinden. Es ist nur eine Kopie einer echten Kommunikation und Beziehung zu einem Menschen.
Während wir beispielsweise per WhatsApp und Sonstigem kommunizieren, wünschen wir uns unterbewusst, einem echten Menschen nahe zu sein. Doch die einzige Nähe, die wir bekommen, ist die Nähe zu einem Plastikteil, in Form unseres Handys. Dadurch könnte es sein, dass wir immer neurotischer werden, da wir nicht mehr real kommunizieren, wie wir es in der Kindheit gelernt hatten.

Die Macht der Pornos

Pornos verhalten sich wie ein Virus und du kannst sie nicht als Problem erkennen, da ihre Tarnung perfekt ist.
Sie wurden zur Gewohnheit, da du dich zuvor durch die Sex-Szenen im TV über die Jahre hinweg daran gewöhnt hast.

Erst wenn es dir nicht mehr gut geht und die Pornos zum Alltag gehören, hinterfragst du dich, warum es dir so schlecht geht und warum du so viele Probleme im Leben hast.

Jedoch ist es dann sehr schwer, von den Pornos loszulassen, da sie bereits über die Jahre zu einem festen Bestandteil des eigenen Lebens geworden sind.

Stell es dir so vor, als hättest du die ganze Zeit ein Haus auf dem falschen Bauplatz gebaut. Und nun möchtest du in die Richtung eines vernünftigen Lebens gehen und hast aber keinen Plan davon, wie dies ablaufen soll.

Um eine vernünftige Richtung im Leben einschlagen zu können, musst du verstehen, dass fast alle Dinge, die wir tun, dem langfristigen Ziel der Fortpflanzung dienen.

Nur die Gene und die Menschen, die diesem Ziel folgten, konnten sich evolutionär durchsetzen.

Normalerweise arbeiten wir jeden Tag sehr hart, um uns irgendwann einmal ein Haus kaufen zu können und Kinder darin großzuziehen.

Doch wenn wir Pornos konsumieren, können wir überhaupt erst gar nicht eine so tiefe Beziehung mit einer Frau eingehen, da sich unser Gehirn mit den Pornofrauen verknüpft hat.

Und für diese Pornofrau musst du kein echtes Haus bauen, da kein Nachwuchs zustande kommen kann.

Somit sparst du dein Geld nicht wie gewohnt und musst dich ebenfalls nicht in dem Maße anstrengen, wie es ein Leben mit zukünftiger Familie von dir erwarten würde.
Sondern du verprasst dein ganzes Geld, weil du denkst, dass du dich ja schon oft genug fortgepflanzt hast und im totalen Überfluss lebst.
Doch dies stimmt nur in der digitalen Welt, in der Realen hingegen wirst du immer ärmer und weißt nicht, wofür du dein Geld ausgeben sollst.

So war es damals zumindest bei mir, als ich genug Geld hatte und überhaupt nicht wusste, was ich tun sollte, da meine Frau Porno ja schließlich kostenlos war und Kinder auch nicht zustande kommen konnten.

Warum es so schwer ist, loszulassen

Einen kostenlosen Schatz, den man über all die Jahre ohne Gegenleistung bekommen hat, möchte man nicht einfach so wieder loslassen.

Pornos wurden zu einer Art Grundbedürfnis, welches ständig durch den Bildschirm bedient wurde und wofür ich nichts weiter tun musste, außer für das Internet und die Anschaffung eines internetfähigen Geräts zu bezahlen.

Doch um in der realen Welt ankommen zu können, musst du den kostenlosen Orgasmus loslassen und hart dafür arbeiten, um ihn mit einem echten Menschen gemeinsam erleben zu können. Doch unser Unterbewusstsein denkt sich »No way« und will den Orgasmus auch weiterhin ohne Anstrengung bekommen.

Gewohnheiten, die sich über Jahre eingeschlichen haben, sind nur sehr schwer zu ändern.

Je schöner das Gefühl war, welches dir die Gewohnheit beschert hat, desto schwieriger ist es, diese zu ändern.

Unser Körper ist so aufgebaut, dass er Dinge wie Essen als etwas Gutes empfindet, da sie ihm das Überleben sichern.

Der Orgasmus fühlt sich für uns ebenfalls gut an, da er das Überleben unserer Gene sichert.

In unserem Fall ist das gute Gefühl des Orgasmus jedoch trügerisch, da es uns in Verbindung mit Pornos in eine Abhängigkeit führt und unsere Gene dadurch nicht weitergegeben werden.

Pixel

Evolutionstechnisch gesehen, reagieren wir auf Dinge stärker, die sich bewegen, da dies unser Überleben über Jahrtausende hinweg sicherte, wenn wir eine Gefahr sofort erkannten. Sich bewegende Pixel aktivieren diesen Mechanismus in uns. Man muss es sich vorstellen, wie bei diesen Katzen Videos, bei denen eine Katze in die Höhe springt, wenn sie eine Gurke plötzlich neben sich liegen sieht. Der Mechanismus in der Katze geht davon aus, dass es sich um eine Schlange handelt und reagiert sofort. Bei uns Menschen verhält es sich genau gleich und wir reagieren, ohne nachdenken zu müssen. Wir schreien laut, wenn sich jemand anderes hinter einer Tür oder einer Ecke versteckt und uns erschreckt.

Durch dieses laute Schreien bestand evolutionär gesehen die Chance darin, dass der Angreifer ebenfalls erschrickt und dies uns ein bisschen Zeit verschafft, um reagieren zu können. Unser Dopaminsystem ist darauf angelegt, dass wir Dopamin für sich bewegende Dinge in unserem Umfeld bereitstellen.

In Zeiten von Pornos ist dies natürlich fatal, da wir mit viel Dopamin auf Videos reagieren.

Diese bedeuten jedoch keine Gefahr mehr für uns, bescheren uns aber in Verbindung mit akustischen Reizen einen gewissen Dopamin-Kick.

*Quelle 34

Tipps, um von der Sucht loszukommen

Du kannst dein Gehirn zwar ein Stück weit in Richtung sexueller Normalität lenken, aber das Fundament des Gehirns wird immer das eines Abhängigen bleiben, wenn du sehr früh damit begonnen hast. *Quelle 35

Jedoch habe ich über die Jahre herausgefunden, wie es mir leichter fällt, mit einem Gehirn umzugehen, das süchtig nach Masturbation und Pornographie ist.

Beim Orgasmus durch Masturbation und Porno wird sehr viel Dopamin und Oxytocin ausgestoßen.

1. Liebevolle Berührungen deines eigenen Körpers und Küsse auf Hände und Arme (bei akutem Suchtdruck) helfen, einen gesunden Hormonspiegel zu erhalten, da beim Streicheln oder Küssen Oxytocin freigesetzt wird. Dieses Oxytocin ist wichtig für unsere psychische Gesundheit, da der Kuss an sich in uns mit Existenzsicherung gleichgesetzt ist. Der Kuss gibt uns ein Gefühl der Sicherheit und Vertrautheit und wir müssen nicht mehr zum Orgasmus durch Masturbation und Porno greifen, um an Oxytocin zu gelangen. *Quelle 36
2. Frauen nicht hinterherschauen und die Fantasie der Masturbation und des Pornos gehen lassen. Loslassen lernen! *Quelle 37

3. Auf Lebensmittel wie Schweinefleisch, Eier und Erdnüsse achten, da sie meiner Erfahrung nach luststeigernd sein können. Ebenfalls solltest du wenig Alkohol trinken, da bei Alkoholeinfluss die Impulskontrolle eingeschränkt ist und du schnell in alte Gewohnheiten verfällst.
4. Allgemein ist darauf zu achten, dass du keine Dinge machst, die zu viel Dopamin auf einmal freisetzen, da ansonsten die Suchtstruktur in unserem Gehirn aktiviert wird. Dies sind Dinge wie exzessives Gaming oder lautes Musikhören. Das Gehirn kennt diesen großen Ausstoß an Dopamin vom Pornokonsum und der damit verbundenen Masturbation. Wenn du früher mit Vollgas bei Pornos, Gaming und lautem Musikhören unterwegs warst, musst du nun ein ruhigeres Leben führen, da ansonsten die Vollgas-Suchtstruktur in deinem Gehirn aktiviert wird. Anstatt Techno und Pop zu hören, ist es nun von Vorteil, ruhigere Musik wie Klassik oder Balladen zu hören. *Quelle 38
5. Umarmungen mit anderen Menschen helfen sehr, den Suchtdruck zu verringern, da es ein Gefühl von Sicherheit und Geborgenheit in uns weckt und Oxytocin ausgestoßen wird.
6. Möglichst wenig Zeit mit Handy, Computer oder Fernseher verbringen, da ein Masturbations- und Porno-Suchtgehirn denkt, dass die Freundin in einem digitalen Gerät steckt. Und sich bewegende Pixel dich triggern, dass du wieder einen Porno anschauen möchtest. *Quelle 39

7. Möglichst viel Bewegung, da die Entwicklung der Bewegungs-Gehirnstruktur im Kindesalter noch vor der Entwicklung der Selbstbefriedigungs-Gehirnstruktur stattgefunden hat. Somit ist diese mächtiger als die der Selbstbefriedigung und du musst dabei nicht an Selbstbefriedigung und Pornos denken. Siehe Gehirnpyramide! *Quelle 41
8. Akzeptiere dich, wie du bist mit allen Stärken und Schwächen. Nur wenn du lernst, dich selbst zu lieben, nimmt der Suchtdruck ab und du bist nicht mehr so sehr dazu geneigt, dir Liebe durch ein digitales Gerät zu suchen. Jedes Mal, wenn du denkst, dass du mit dem Leben nicht mithalten kannst, hilft ein Satz wie: »Ich habe mein Bestes gegeben und mit meiner Vergangenheit als Porno- und Masturbations-Abhängiger ist es sehr gut, was ich bisher erreicht habe!« Eine innere Überforderung sorgt für Stress und lässt dich nicht mehr klar denken. Dieses klare Denken ist wichtig, um achtsam sein zu können und nicht in alte Verhaltensweisen zurückzufallen. Sucht hängt oft damit zusammen, ob wir in der Kindheit bedingungslos geliebt wurden oder nicht. Wenn du nicht bedingungslos geliebt wurdest, kannst du das als Erwachsener in der Beziehung zu dir selbst ändern und ein neues Verhalten entwickeln. So wie du bist, bist du richtig. Mit Arbeit oder ohne Arbeit. Mit Freundin oder ohne Freundin. Mit Geld oder ohne Geld. Völlig egal, wie das eigene Leben gerade aussieht und wo du dich befindest. Es ist genauso richtig, wie es ist und du hast hundert Prozent Liebe verdient. Probiere diese Geisteshaltung aus und du wirst merken, dass sich der Suchtdruck um ein Vielfaches verringert. *Quelle 42

Tipps für Angehörige von Pornosüchtigen

Menschen, die zum Konsum von Pornos neigen, versuchen, durch Pornos ihre Sehnsucht nach Liebe und Zuneigung zu stillen.

1. Keinen Druck aufbauen und dem Süchtigen Zeit lassen, sich zu öffnen. Nur eine bedingungslose Beziehung ermöglicht es, dass sich der Pornosüchtige wohlfühlt und sich öffnet, um über peinliche Dinge zu sprechen. Haben wir einmal dieses Vertrauensverhältnis aufgebaut, können wir ihm oder ihr mitteilen, dass die Motivationslosigkeit oder Depression etwas mit dem Konsum von Pornos zu tun haben könnte.

   *Quelle 43
2. Über die Inhalte im Internet mit dem Partner oder dem Kind sprechen und aufklären. Und vor allem davor warnen, was Pornos mit einem machen.
3. Pornos dürfen zu Hause für Kinder und Jugendliche nicht frei zugänglich sein!
4. Es ist wichtig, den Kindern und dem Partner ein Gefühl von Sicherheit und Vertrauen zu geben. Dies kann durch häufige Umarmungen und lange Gespräche erreicht werden, da dies für eine Normalisierung des Oxytocin-Haushaltes sorgt.

Umprogrammierung des Gehirns

Es ist möglich, das Gehirn ein Stück weit in eine gesunde und normale Richtung zu programmieren. Jedoch hängt es davon ab, wie früh du mit dem Konsum von Pornos begonnen hast. Zusätzlich musst du dein Gehirn ganz langsam umprogrammieren, da du ansonsten zu schnell Neurosen bekommen kannst. Diese entstehen vermutlich, wenn die sexuelle Energie unterdrückt wird und du im Außen zu vielen sexuellen Reizen ausgesetzt bist und ihnen gedanklich noch nicht widerstehen kannst. Es ist eine Sache der Übung, dass du mit der Zeit lernst, dieses Mehr an sexueller Energie richtig zu lenken, um nicht neurotisch zu werden.

Um von Pornos und der Masturbation loszukommen, musst du dein Leben und deine Verhaltensweisen ändern. Dies ist mitunter sehr schwer, da sich diese über das ganze Leben entwickelt haben. Am Anfang des Prozesses musst du fast jeden Schritt und jede Tätigkeit hinterfragen. Ebenso die eigene Gedanken- und Gefühlswelt. Alles hat sich zusammen mit der Masturbation und dem Konsum von Pornos entwickelt. Es ist, als würdest du das Leben wieder neu und auf eine andere Art und Weise leben müssen. Jetzt nun nicht mehr in der Obhut der Eltern, sondern per Selbstkontrolle.
Ein innerer Schulterschluss zwischen der Welt der Abhängigkeit und der Welt der Realität ist wichtig.

Und immer zwei Schritte nach vorne und einen Schritt zurück. Dies machte ich am Anfang falsch und wollte von null auf hundert starten und am besten sofort für immer enthaltsam leben.

Dies ging jedoch nicht und ließ mich innerlich sehr oft neurotisch werden, da der Suchtdruck zu groß wurde.

Beispiel: Eine Woche enthaltsam sein und dann masturbieren, zwei Wochen enthaltsam sein und dann masturbieren, vier Wochen enthaltsam sein und dann masturbieren und so weiter. Und irgendwann bist du bei mehreren Monaten oder Jahren angelangt und vermisst die Masturbation und die Pornos nicht mehr in dem Maße. Ein schleichender Entzug ist sehr wichtig, da ein kalter Entzug aus meiner Erfahrung her zu vielen sehr problematischen Nebenerscheinungen führen kann.

Beachte dabei ganz besonders, deinem Suchtdruck besser nachzugeben, bevor es zu Gewaltfantasien wie Vergewaltigung kommt.

Du musst mit diesem Mehr an Energie dank Enthaltsamkeit sehr aufpassen, da diese auch in eine schädliche Richtung gelenkt werden kann.

Real oder digital?

Jedes Mal, wenn ich an Masturbation oder Pornos denken musste, fragte ich mich selbst:

Ist hier im Raum gerade eine Frau anwesend? Befindet sie sich etwa hinter dem Sofa oder hinter dem Regal?

Irgendwo lernte ich, dass es hilft, die Dinge ins Lächerliche zu ziehen, um nicht mehr von ihnen gefangen zu sein.
Nachdem ich mich selbst diese Dinge fragte, musste ich lachen und konnte so den Suchtdruck lindern. In diesen Momenten wurde mir meistens das ganze Ausmaß meiner Abhängigkeit klar. Es war, als würde mein inneres Ich Dinge sehen, die im Außen nicht existierten.

Ich werde geil, obwohl keine Frau anwesend ist!

Dies war eine Parallelwelt in mir, die ich mir über Jahre hinweg aufgebaut hatte und dadurch die Realität nicht mehr sehen konnte.

Unser Gehirn kann sich sehr gut Dinge vorstellen, die nicht existieren, um mit ihnen gedanklich zu arbeiten.
In Fächern wie Kunst, Mathematik oder Physik sind sie sehr von Vorteil und haben uns als Menschheit sehr weit gebracht.

Bei der Masturbation hingegen bringen sie uns nicht sehr weit, sondern nur in die Abhängigkeit.

Wenn wir uns nun fast lebenslang mithilfe von Pornos oder der eigenen Fantasie stimuliert haben, denkt unser Gehirn sehr oft an diese Welten und schafft es weniger in die Realität.
Es ist wie ein Gefängnis, das wir selbst immer weiter ausbauen und irgendwann darin gefangen sind.

Während der Kommunikation per WhatsApp oder einem anderen Messenger sind wir in diesen Welten unterwegs. Wir lesen das Geschriebene einer anderen Person und versuchen uns dies vorzustellen.
Wenn wir aber nun zu viel Zeit mit WhatsApp und Ähnlichem verbringen, sind wir genau wie bei der Welt der Masturbation im Surrealen unterwegs. Diese gilt es jedoch möglichst nicht mehr zu aktivieren, da unserem Gehirn nur so auf Dauer klar wird, was real ist und was nicht. Andere Fantasien oder Abstraktionen sollten wir hingegen verstärken. Dies können Zukunfts-Visionen oder Urlaub-Pläne sein. Irgendwann vermisst du das virtuelle Träumen in Pornos, sexuellen Fantasien oder Messenger nicht mehr und merkst, dass du durch das Träumen in der Realität echte Beziehungen geschaffen hast, auf die du dich verlassen kannst.

Die Realität ist ruhig!

Wenn du nun dein ganzes Leben in diesen digitalen Welten unterwegs warst, merkst du erst, wie allein du bist, wenn die digitalen Dinge ausgeschaltet sind.

All die Jahre bildete ich mir ein, dass das Handy und der Computer meine Beschützer und meine Partner seien.

Doch die virtuellen Beziehungen in Facebook und Co. sind nur bedingt zu gebrauchen. Denn wenn es dir schlecht geht und du dich einsam fühlst, bringt das Rumtippen auf einem Kunststoffgerät (Handy) recht wenig.

Die virtuelle Welt bildet heutzutage sehr viele reale Dinge nach und suggeriert uns, dass uns diese die gleichen Gefühle und Erfahrungen wie in der realen Welt bescheren.
Aber auf Dauer merkt man den Wandel von Real zu Digital kaum und befindet sich irgendwann voll und ganz in der virtuellen Welt. Doch um aus dieser Welt herauszukommen, ist es, als müsstest du viele Knoten in der gleichen Reihenfolge, wie sie geknotet wurden, entknoten.

Schritt für Schritt und mit sehr viel Geduld.

Leben ohne Pornos

Für einen Abhängigen ist ein Leben ohne Pornos sehr schwer, da wir im echten Leben die Dinge nicht einfach so wie im Digitalen per Klick bekommen.
Wir müssen uns anstrengen und eine lange Zeit darauf hinarbeiten.
Gewisse Dinge erfordern sogar jahrelange Arbeit und Konzentration.
Wenn du jedoch ein Porno-Gehirn besitzt, bist du dazu geneigt, dir Dinge mit Gewalt zu holen, da du der Meinung bist, dass die reale Welt die virtuelle Welt ist und alles per Klick zu haben sei.
Dies ist in der Realität sehr gefährlich, da es dort Konsequenzen hat, wenn du dir einfach etwas nimmst, ohne eine vernünftige Gegenleistung zu erbringen. In der virtuellen Welt hingegen musst du mit keinen Konsequenzen rechnen und bekommst einen Ferrari oder eine sehr hübsche Frau per Klick. Ebenfalls schaut dir niemand dabei zu, was du auf Porno-Seiten oder in Computerspielen machst.
In der Realität hingegen werden wir gesehen und perverse Handlungen haben Konsequenzen.
Dies kann bis hin zur gesellschaftlichen Ächtung reichen.
Die Heilung von der Porno- und Masturbationssucht dauert ein ganzes Leben an und wird nicht von heute auf morgen geschehen. Je früher du mit diesen Gewohnheiten begonnen hast, desto schwieriger ist die Heilung.

Auswirkungen auf die Gesellschaft

Nur beim Sex begegnen sich Menschen völlig nackt und können sich beispielsweise nicht durch Tragen von Markenkleidung täuschen. Und wenn nun diese subjektive Begegnung nicht mehr stattfindet, da die Menschen zur Pornografie greifen, hat die Gesellschaft ein Problem. Es geht in eine Richtung der Objektivität, da wir uns nicht mehr richtig begegnen. Nur bei einer intimen Begegnung gehen wir subjektiv aufeinander ein und agieren ohne Maske. Wenn Haut auf Haut trifft, ist keine Pornowebseite oder Handy dazwischen. Doch in unserer Welt versuchen wir ständig, gut dazustehen, da diese Darstellung zur gesellschaftlichen Position beiträgt. Stellen wir uns jedoch nur noch dar, ohne dass wir uns im Zwischenmenschlichen fallenlassen und uns körperlich begegnen, können wir erkranken.

Wir werden als nacktes Wesen geboren und lernen so die Welt kennen. Wenn wir nun älter werden, wollen wir diese Erfahrung immer wieder haben, da unser Gehirn die Welt so kennengelernt hat.
Während der Schwangerschaft im Bauch unserer Mutter hat sich das Fundament unseres Gehirns mit dem Körperkontakt zu einem anderen Menschen (Mutter) entwickelt. So hat unser Gehirn die Welt kennengelernt.

Und wenn wir dann durch die Masturbation und den Konsum von Pornos keinen anderen Menschen mehr berühren, fehlt uns vermutlich etwas.

Unser Gehirn ist wie eine Pyramide (siehe Gehirnpyramide) aufgebaut. Also sprich – das Fundament in unserem Gehirn wird vorgeburtlich und während der Kindheit gelegt. Und während dieser Zeit hatten wir sehr viele Berührungen und Haut-an-Haut-Erfahrungen.

Die langfristige Zielerkennung in unserem Gehirn wird durch die Pornos beschädigt, wie bereits im Kapitel »Langfristige Ziele« beschrieben. Dies ist jedoch ein Problem für uns als Gesellschaft, da es für die Ausführung eines Berufes eine langfristige Zielerkennung (Haus bauen, Auto kaufen) braucht, um diesen Job jeden Tag acht Stunden ausführen zu können.
Wenn viele Menschen diese langfristigen Ziele nicht mehr sehen können, da sie jeden Tag nur noch auf die kurzen Glücksgefühle wie Pornos aus sind, bekommt unsere Wirtschaft und damit auch unsere Gesellschaft ein Problem.

Vertrauen hält unsere Welt zusammen

Nur wenn wir uns gegenseitig vertrauen, können wir tiefe Beziehungen zu anderen Menschen eingehen. Werden wir intim, müssen wir der anderen Person vertrauen, um körperlich und auch mental interagieren zu können. Während des Konsums von Pornos müssen wir niemandem vertrauen und interagieren nur mit uns selbst.

Beim Pornokonsum herrscht pure Kälte und wir befinden uns alleine in einem Raum. Nur bei der Interaktion mit einem realen Menschen können wir uns richtig fallenlassen und es erinnert uns an die Zeit in der Kindheit.
In der Zeit während der Kindheit und auch davor spürten wir die Wärme durch eine Umarmung der Mutter sehr oft und wir fühlten uns sicher.
Ebenfalls lernen wir während des Konsums von Pornos, dass wir niemanden brauchen, um das schöne Gefühl des Orgasmus zu bekommen.

Unser alltägliches Leben besteht jedoch darin, dass wir andere Menschen brauchen.
Ohne sie können wir kaum etwas in unserem Leben zustande bringen, da sich unser Organismus durch Handlungen und gegenseitiges Unterstützen überhaupt erst so gut entwickeln konnte.

Es ist wichtig, anderen zu helfen, um somit auch uns selbst zu helfen. Wenn wir dann andere Menschen nicht mehr berühren können, wie es im Krankenhaus oder in der Pflege notwendig ist, haben wir als Gesellschaft ein Problem.

Nur wenn wir mit anderen intim sind, lernen wir, Menschen überall zu berühren und keinen Ekel dabei zu empfinden. Unser Gehirn merkt sich somit, dass die Berührung eines anderen Menschen eine angenehme Empfindung ist.

Ob das eine alte oder junge Person ist, interessiert uns erst einmal nicht, da es nur darum geht, ob wir die Haut-an-Haut-Berührung zu einem anderen Menschen als etwas Angenehmes empfinden oder eben nicht.

Ständig nur sich selbst während der Masturbation zu berühren, hilft da nicht! Wir entwickeln somit keine soziale Ader, die unserem Gehirn sagt, dass es ganz normal ist, einen anderen Menschen zu berühren.

Kein Geld der Welt bringt Menschen, die ihr Leben lang nur Liebe mit sich selbst gemacht haben, in einen sozialen Beruf, bei dem sie andere Menschen berühren müssen.
Während einer realen sexuellen Erfahrung wird die Berührung eines anderen Menschen mit dem schönen Gefühl des Orgasmus und der sexuellen Stimulation verknüpft.
Jedoch bei der Liebe mit sich selbst wird die Berührung mit dem eigenen Körper und die des Orgasmus verknüpft.

Somit kann man keine soziale Ader entwickeln, die es einem leichter machen würde, einen anderen Menschen zu berühren, ohne Ekel dabei zu empfinden.

Globalisierung

Vertrauen ist heutzutage eines der wichtigsten Dinge, damit unsere Welt funktioniert, wie sie funktioniert. Nur dadurch wurde ein Zusammenleben von einer nie vorher dagewesenen Anzahl an Menschen möglich gemacht.

Früher schlugen sich die Stämme gegenseitig die Köpfe ein und versuchten, dadurch einen Vorteil zu erlangen.

Heutzutage hat die Menschheit erkannt, dass wir durch Kooperation gemeinsam viel mehr erreichen können.

Ein Land beispielsweise kann sehr gute Autos bauen und das andere Land produziert sehr gute Handys.
Gemeinsam kann jeder das Produkt des anderen verwenden und somit voneinander profitieren. Nur dank diesem gegenseitigen Schulterschluss und mit dem Vertrauen in andere Menschen und Länder ist unser heutiger Erfolg als Menschheit zu erklären.

Ein Unternehmer vertraut darauf, dass die Teile aus einem anderen Land geliefert werden, damit er seine Produkte fertigen kann.

Und ein Angestellter muss darauf vertrauen, dass das Gehalt am Ende des Monats auf dem eigenen Konto eingeht, damit er die Rechnungen bezahlen kann.
Unsere Wirtschaft besteht aus Vertrauen von Mensch zu Mensch und die heutige Technologie macht dies möglich, da wir sehr günstig dank modernen Flugzeugen in andere Länder fliegen können, um dort fremde Kulturen kennenzulernen.

Dieses Kennenlernen beseitigt die Angst vor Menschen im Ausland.

Konsumieren wir hingegen Pornos, können wir erst gar nicht eine solch tiefe Bindung mit Menschen aus dem gleichen oder aus einem fremden Land eingehen. Wir können zwar miteinander reden, aber eine intime Haut-an-Haut-Erfahrung kommt dabei nicht zustande.
Diese ist aber wichtig, damit wir an das schöne Gefühl der Geborgenheit und Sicherheit aus unserer Kindheit erinnert werden.

Porno-Konsum ist nicht normal!

Weiterhin müssen wir für eine stabile Gesellschaft sorgen, da der Frieden auf der Erde sehr fragil ist und jederzeit Kriege entstehen können.
Deshalb sollte keine Technik dieser Welt unsere zwischenmenschlichen Begegnungen vollständig ersetzen.

In Deutschland werden Pornos als etwas wahrgenommen, das ganz normal ist und Masturbation sogar gegen Prostatakrebs helfen soll.

Für mich selbst war die Masturbation der Beginn des Abstieges in die Hölle.

Im Alter von sieben Jahren wurden wir in der Schule sexuell aufgeklärt und Masturbation wurde als etwas Gutes dargestellt. Niemand erzählte mir, was die Masturbation und der spätere Konsum von Pornos mit mir machen könnten.

Im Alter von einundzwanzig Jahren hatte ich eine Prostatakrebs-Aufklärung auf der Arbeit und uns wurde dort erzählt, dass man ab und zu masturbieren solle, um gegen Krebs vorzubeugen.

In einem Teil meines Freundeskreises wurde in den ersten Jahren des Pornokonsums so gut wie nicht darüber geredet. Jeder tat es und keiner sprach darüber.

Erst als Kumpels von mir mit echten Frauen sexuelle Erfahrungen machten, rückte die Thematik in den Vordergrund des Diskurses.

Und zwar nicht in einer Weise, wie ich es erwartet hätte. Sondern auf eine Art, in der Frauen wie im Porno zu Objekten gemacht wurden und wir mit ihnen alles Mögliche anstellen können, was wir wollen.

Diese Wahrnehmung stimmte mit der Realität jedoch nicht überein und die meisten meiner Kumpels und ich selbst blieben ohne Freundin.
Ständig drehte sich die Kommunikation um Sex und es wurden fleißig Bilder und Videos hin und her geschickt.
Einen realen Kontakt zu einer Frau hatte aber so gut wie niemand.
Diese Art und Weise, über Frauen zu sprechen und mit ihnen umzugehen, kommt aus dem Porno.
Übertriebenes Stöhnen und Gewaltanwendung wurde einfach so von uns hingenommen und als etwas völlig Normales deklariert.

Die Dinge positiv sehen

Du kannst die Tatsache nicht ändern, von Pornos abhängig gewesen zu sein, jedoch kannst du die Art und Weise wählen, wie du darüber denkst.

Wenn wir es geschafft haben, die Pornosucht in die Flucht zu schlagen, können wir fast alles schaffen, da wir unsere eigene Sexualität zurück in die Normalität gelenkt haben.

Niemand, der es nicht selbst erlebt hat, weiß, welch enorme Leistung und Willenskraft dieser Kampf darstellt.

Wir dürfen also mit breiter Brust vor die Haustüre treten.

Jahrelanges Reflektieren, Nachdenken und Achtsamkeit haben uns diesen Erfolg beschert. Unser Gehirn ist nicht mehr das gleiche, wenn wir uns verändert haben.
Zuvor war es ein Gehirn, welches nicht viel nachdachte und einfach nach Lust und Laune handelte. Orgasmus durch Masturbation und Pornos fühlten sich gut und richtig an, also machten wir dies fast täglich. Die Gesellschaft ließ einen manchmal glauben, dass es gut sei und bei Stress oder sogar gegen Prostatakrebs-Krebs vorbeugen könne. Wir mussten somit Gesellschaft, Sexualität und uns selbst bis ins kleinste Detail hinterfragen.

Heute fühlt es sich für mich so an, als wäre ich zu meinem besten Ich geworden.
Für die Sucht tragen wir keine Schuld, da die Technologie diese überhaupt erst möglich machte und unser Verhalten und die Reaktion auf sexuelle Reize ein normaler Prozess der Evolution ist.

Es werden regelmäßig neue Erfindungen in der Zukunft auf uns zukommen und wir müssen lernen, damit umzugehen, ohne dabei abhängig von ihnen zu werden!

Mein heutiger Alltag

Heute versuche ich, so wenig Zeit wie möglich mit den sich schnell bewegenden Pixeln zu verbringen, da mich diese triggern könnten, in alte Verhaltensweisen zu verfallen. Ebenso meide ich alles, was nicht mit der Realität zu tun hat.
Echte Gespräche und Begegnungen mit Menschen erfüllen mich und lassen mich nicht an alte Gewohnheiten denken.
Die Realität ist sehr schön und kann mich an Orte bringen, an die ich mit der Sucht nie gelangt wäre. Die Realität ist viel ruhiger und es gibt nicht ständig nackte Frauen oder tolle Autos zu sehen.

Zum jetzigen Zeitpunkt bin ich dreiunddreißig Jahre alt und kann noch immer nicht von mir behaupten, dass ich zu hundert Prozent in der Gesellschaft angekommen bin.
Die Masturbation und die Pornos haben einen sehr tiefen Schaden hinterlassen und ich werde mein ganzes Leben damit zu kämpfen haben.
Einziger Vorteil im Vergleich zu der damaligen Zeit ist, dass ich heute nicht mehr sterben möchte und nun das Leben liebe.

Klar gibt es immer mal wieder gewisse Downs, doch diese halten sich in Grenzen und dauern nicht wie damals über Monate oder Jahre an.

Schlusswort

Wir dürfen niemals aufgeben und müssen immer daran glauben, von der Sucht loszukommen.

Glaub mir, da draußen wartet ein schönes Leben auf dich!

Ich gehe seit Jahren diesen Weg und möchte nicht mehr zurück in diese alte kalte Welt. Klar bin ich auch ab und zu noch niedergeschlagen vom Leben und so. Aber das Leben ist bei Weitem nicht mehr so schlimm wie damals während der Sucht.

Dank

Ohne die Hilfe meiner Freunde und Familie hätte ich diese Zeit damals nicht durchstehen können.

Vor allem meine Schwester, mein bester Kumpel, und unser damaliger Hund waren für mich da, als ich nicht mehr leben wollte und nicht mehr weiterwusste. Ein großer Dank gilt den YouTubern und dem einen Freund, der mich vor der Masturbation und vor der Pornografie gewarnt hat. Ohne sie würde ich sehr wahrscheinlich noch immer im Dunkeln tappen oder wäre vielleicht nicht mehr am Leben.

Dank diesen Menschen kann ich heute dieses Buch hier schreiben und die Droge Porno als das identifizieren, was sie ist.

Sie ist eines der schlimmsten Dinge, die die Menschheit seit Langem befallen hat.

Ein YouTuber erfand den Begriff »Visuelles Heroin«, welcher das ganze Ausmaß dieser Droge klarmacht. Und ein paarmal von diesem visuellen Heroin gekostet, sind wir Abhängige und wollen immer mehr.

Junge Menschen im Alter von zwölf Jahren – wie ich damals gewesen bin – oder jünger konsumieren bereits Pornos.

Ihr Körper kann sich nicht vernünftig entwickeln und hinkt das ganze Leben hinterher.

Wenn du einmal von der Droge Pornografie abhängig gewesen bist, ist es, als müsstest du das ganze Leben mit einer psychischen Behinderung leben.

So viele Menschen im meinem Umfeld leiden darunter und sind sich nicht im Klaren, was die Pornografie mit ihnen anrichtet.
Es ist, als würde die Pornografie einem die Chance auf ein normales Leben nehmen.

Ohne die Hilfe meiner Kumpels und einem ganz speziellen Kumpel, mit dem ich mich zusammen als »Die Fliegen« bezeichne, hätte dieses Buch nicht die nötige Qualität erreicht, um überhaupt erst professionell veröffentlicht werden zu können.

Quellen

Quelle 1,2,3,4,5,6,7,8,9 und 10:

Holstege, G., et al. (2003). *Brain Activation during Human Male Ejaculation.* The Journal of Neuroscience, 23(27), 9185-9193. DOI: 10.1523/JNEUROSCI.23-27-09185.2003.

Schultz, W. (1998). *Predictive Reward Signal of Dopamine Neurons.* Journal of Neurophysiology, 80(1), 1-27. DOI: 10.1152/jn.1998.80.1.1.

Kandel, E. R. (2001). *The Molecular Biology of Memory Storage: A Dialogue Between Genes and Synapses.* Science, 294(5544), 1030-1038. DOI: 10.1126/science.1067020.

Kubey, R., & Csikszentmihalyi, M. (2002). *Television Addiction Is No Mere Metaphor.* Scientific American, 286(2), 74-80.

Zillmann, D., & Bryant, J. (1988). *Pornography's Impact on Sexual Satisfaction.* Journal of Applied Social Psychology, 18(5), 438-453. DOI: 10.1111/j.1559-1816.1988.tb00027.x.

Anderson, C. A., et al. (2010). *Violent Video Game Effects on Aggression, Empathy, and Prosocial Behavior in Eastern and Western Countries: A Meta-Analytic Review.* Psychological Bulletin, 136(2), 151-173. DOI: 10.1037/a0018251.

Singer, D. G., & Singer, J. L. (2005). *Imagination and Play in the Electronic Age.* Cambridge, MA: Harvard University Press.

Strasburger, V. C., Wilson, B. J., & Jordan, A. B. (2014). *Children, Adolescents, and the Media.* Thousand Oaks, CA: Sage Publications.

Voon, V., et al. (2014). *Neural Correlates of Sexual Cue Reactivity in Individuals with and without Compulsive Sexual Behaviours.* PLoS ONE, 9(7), e102419. DOI: 10.1371/journal.pone.0102419.

Pfaus, J. G., et al. (2012). *The Neurobiology of Sexual Reward.* The Journal of Sexual Medicine, 9(6), 1547-1567. DOI: 10.1111/j.1743-6109.2012.02673.x.

Schultz, W. (2002). *Getting Formal with Dopamine and Reward.* Neuron, 36(2), 241-263. DOI: 10.1016/S0896-6273(02)00967-4.

Kühn, S., & Gallinat, J. (2014). *Brain Structure and Functional Connectivity Associated with Pornography Consumption.* JAMA Psychiatry, 71(3), 297-303. DOI: 10.1001/jamapsychiatry.2013.4156.

Volkow, N. D., et al. (2011). *Addiction: Decreased Reward Sensitivity and Increased Expectation Sensitivity Conspire to Overwhelm the Brain's Control Circuit.* BioEssays, 33(9), 682-687. DOI: 10.1002/bies.201100065.

Love, T., et al. (2015). *Neuroscience of Internet Pornography Addiction: A Review and Update.* Behavioral Sciences, 5(3), 388-433. DOI: 10.3390/bs5030388.

Park, B. Y., et al. (2016). *Is Internet Pornography Causing Sexual Dysfunctions? A Review with Clinical Reports.* Behavioral Sciences, 6(3), 17. DOI: 10.3390/bs6030017.

Doidge, N. (2007). *The Brain That Changes Itself: Stories of Personal Triumph from the Frontiers of Brain Science.*

Bowlby, J. (1969). *Attachment and Loss: Vol. 1. Attachment.* New York: Basic Books.

Trivers, R. L. (1972). *Parental Investment and Sexual Selection.* In B. Campbell (Ed.), *Sexual Selection and the Descent of Man* (pp. 136-179). Chicago: Aldine.

Buss, D. M. (1989). *Sex Differences in Human Mate Preferences: Evolutionary Hypotheses Tested in 37 Cultures.* Behavioral and Brain Sciences, 12(1), 1-49. DOI: 10.1017/S0140525X00023992.

Geary, D. C. (2000). *Evolution and Proximate Expression of Human Paternal Investment.* Psychological Bulletin, 126(1), 55-77. DOI: 10.1037/0033-2909.126.1.55.

Betzig, L. (1986). *Despotism and Differential Reproduction: A Darwinian View of History.* New York: Aldine.

Dewsbury, D. A. (1981). *Effects of Novelty on Copulatory Behavior: The Coolidge Effect and Related Phenomena.* Psychological Bulletin, 89(3), 464-482. DOI: 10.1037/0033-2909.89.3.464.

Zerjal, T., et al. (2003). *The Genetic Legacy of the Mongols.* American Journal of Human Genetics, 72(3), 717-721. DOI: 10.1086/367774.

Tinbergen, N. (1951). *The Study of Instinct.* Oxford: Clarendon Press.

Putnam, R. D. (2000). *Bowling Alone: The Collapse and Revival of American Community.* New York: Simon & Schuster.

Lambert, N. M., et al. (2012). *A Love That Doesn't Last: Pornography Consumption and Weakened Commitment to One's Romantic Partner.* Journal of Social and Clinical Psychology, 31(4), 410-438. DOI: 10.1521/jscp.2012.31.4.410.

Hensch, T. K. (2004). *Critical Period Regulation.* Nature Reviews Neuroscience, 5(11), 877-888. DOI: 10.1038/nrn1539..

LeDoux, J. (1996). *The Emotional Brain: The Mysterious Underpinnings of Emotional Life.* New York: Simon & Schuster.

Spear, L. P. (2000). *The Adolescent Brain and Age-Related Behavioral Manifestations.* Neuroscience & Biobehavioral Reviews, 24(4), 417-463. DOI: 10.1016/S0149-7634(00)00014-2.

Blakemore, S. J. (2018). *Inventing Ourselves: The Secret Life of the Teenage Brain.* New York: PublicAffairs.

Steinberg, L. (2008). *A Social Neuroscience Perspective on Adolescent Risk-Taking.* Developmental Review, 28(1), 78-106. DOI: 10.1016/j.dr.2007.08.002.

Hald, G. M., & Malamuth, N. M. (2008). *Self-Perceived Effects of Pornography Consumption.* Archives of Sexual Behavior, 37(4), 614-625. DOI: 10.1007/s10508-007-9212-1.

Ferguson, C. J., et al. (2012). *A Vast Thin Line Between Entertainment and Addiction: Video Games and Social Functioning.* Computers in Human Behavior, 28(4), 1183-1190. DOI: 10.1016/j.chb.2012.01.019.

Dunbar, R. I. M. (1998). *The Social Brain Hypothesis.* Evolutionary Anthropology: Issues, News, and Reviews, 6(5), 178-190. DOI: 10.1002/(SICI)1520-6505(1998)6:5<178::AID-EVAN5>3.0.CO;2-8.

Baumeister, R. F., & Leary, M. R. (1995). *The Need to Belong: Desire for Interpersonal Attachments as a Fundamental Human Motivation.* Psychological Bulletin, 117(3), 497-529. DOI: 10.1037/0033-2909.117.3.497.

Blakemore, S. J., & Choudhury, S. (2006). *Development of the Adolescent Brain: Implications for Executive Function and Social Cognition.* Journal of Child Psychology and Psychiatry, 47(3-4), 296-312. DOI: 10.1111/j.1469-7610.2006.01611.x.

Carmichael, M. S., et al. (1987). *Plasma Oxytocin Increases in the Human Sexual Response.* The Journal of Clinical Endocrinology & Metabolism, 64(1), 27-31. DOI: 10.1210/jcem-64-1-27.

Quelle 11,12,13,14,15,16,17,18,19,20 und 21:

Hillman, C. H., Erickson, K. I., & Kramer, A. F. (2008). *Be Smart, Exercise Your Heart: Exercise Effects on Brain and Cognition.* Nature Reviews Neuroscience, 9(1), 58-65. DOI: 10.1038/nrn2298.

Donnelly, J. E., et al. (2016). *Physical Activity, Fitness, Cognitive Function, and Academic Achievement in Children: A Systematic Review.* Medicine & Science in Sports & Exercise, 48(6), 1197-1222. DOI: 10.1249/MSS.0000000000000901.

Adolph, K. E., & Franchak, J. M. (2017). *The Development of Motor Behavior.* Wiley Interdisciplinary Reviews: Cognitive Science, 8(1-2), e1430. DOI: 10.1002/wcs.1430.

Piek, J. P., et al. (2008). *The Relationship Between Motor Coordination and Cognitive Development in Children.* Human Movement Science, 27(5), 668-683. DOI: 10.1016/j.humov.2008.02.001.

Cotman, C. W., & Berchtold, N. C. (2002). *Exercise: A Behavioral Intervention to Enhance Brain Health and Plasticity.* Trends in Neurosciences, 25(6), 295-301. DOI: 10.1016/S0166-2236(02)02143-4.

Voss, M. W., et al. (2013). *The Influence of Aerobic Fitness on Cerebral White Matter Integrity and Cognitive Function in Older Adults.* Frontiers in Aging Neuroscience, 5, 37. DOI: 10.3389/fnagi.2013.00037.

Carson, V., et al. (2016). *Systematic Review of the Relationships Between Physical Activity and Health Indicators in the Early Years (0-4 Years).* BMC Public Health, 16, 854. DOI: 10.1186/s12889-016-3567-6.

Strasburger, V. C., Wilson, B. J., & Jordan, A. B. (2014). *Children, Adolescents, and the Media.* Thousand Oaks, CA: Sage Publications.

Biddle, S. J. H., & Asare, M. (2011). *Physical Activity and Mental Health in Children and Adolescents: A Review of Reviews.* British Journal of Sports Medicine, 45(11), 886-895. DOI: 10.1136/bjsports-2011-090185.

Tremblay, M. S., et al. (2011). *Systematic Review of Sedentary Behaviour and Health Indicators in School-Aged Children and Youth.* International Journal of Behavioral Nutrition and Physical Activity, 8, 98. DOI: 10.1186/1479-5868-8-98.

Kühn, S., & Gallinat, J. (2014). *Brain Structure and Functional Connectivity Associated with Pornography Consumption.* JAMA Psychiatry, 71(3), 297-303. DOI: 10.1001/jamapsychiatry.2013.4156.

Twenge, J. M., & Campbell, W. K. (2018). *Associations Between Screen Time and Lower Psychological Well-Being Among Children and Adolescents: Evidence From a Population-Based Study.*

Preventive Medicine Reports, 12, 271-283. DOI: 10.1016/j.pmedr.2018.10.003.

Uhls, Y. T., et al. (2014). *Five Days at Outdoor Education Camp Without Screens Improves Preteen Skills With Nonverbal Emotion Cues.* Computers in Human Behavior, 39, 387-392. DOI: 10.1016/j.chb.2014.05.036.

Turkle, S. (2011). *Alone Together: Why We Expect More From Technology and Less From Each Other.* New York: Basic Books.

Kuss, D. J., & Griffiths, M. D. (2017). *Social Networking Sites and Addiction: Ten Lessons Learned.* International Journal of Environmental Research and Public Health, 14(3), 311. DOI: 10.3390/ijerph14030311.

Buss, D. M. (1989). *Sex Differences in Human Mate Preferences: Evolutionary Hypotheses Tested in 37 Cultures.* Behavioral and Brain Sciences, 12(1), 1-49. DOI: 10.1017/S0140525X00023992.

Young, L. J., & Wang, Z. (2004). *The Neurobiology of Pair Bonding.* Nature Neuroscience, 7(10), 1048-1054. DOI: 10.1038/nn1327.

Baumeister, R. F., & Leary, M. R. (1995). *The Need to Belong: Desire for Interpersonal Attachments as a Fundamental Human Motivation.* Psychological Bulletin, 117(3), 497-529. DOI: 10.1037/0033-2909.117.3.497.

Uvnäs-Moberg, K., & Petersson, M. (2005). *Oxytocin, a Mediator of Anti-Stress, Well-Being, Social Interaction, Growth, and Healing.* Zeitschrift für Psychosomatische Medizin und Psychotherapie, 51(1), 57-80. DOI: 10.13109/zptm.2005.51.1.57.

Carter, C. S. (2014). *Oxytocin Pathways and the Evolution of Human Behavior.* Annual Review of Psychology, 65, 17-39. DOI: 10.1146/annurev-psych-010213-115110.

Kosfeld, M., et al. (2005). *Oxytocin Increases Trust in Humans.* Nature, 435(7042), 673-676. DOI: 10.1038/nature03701.

Heinrichs, M., et al. (2009). *Oxytocin, Vasopressin, and Human Social Behavior.* Frontiers in Neuroendocrinology, 30(4), 548-557. DOI: 10.1016/j.yfrne.2009.05.005.

Doidge, N. (2007). *The Brain That Changes Itself: Stories of Personal Triumph from the Frontiers of Brain Science.*

Feldman, R. (2004). *Mother-Infant Skin-to-Skin Contact (Kangaroo Care): Theoretical, Clinical, and Empirical Aspects.* Infants & Young Children, 17(2), 145-161. DOI: 10.1097/00001163-200404000-00006.

Hofer, M. A. (1994). *Hidden Regulators in Attachment, Separation, and Loss.* Monographs of the Society for Research in Child Development, 59(2-3), 192-207. DOI: 10.2307/1166146.

Bowlby, J. (1969). *Attachment and Loss: Vol. 1. Attachment.* New York: Basic Books.

Bergman, N. J., et al. (2004). *Randomized Controlled Trial of Skin-to-Skin Contact from Birth Versus Conventional Incubator for Physiological Stabilization in 1200- to 2199-Gram Newborns.* Acta Paediatrica, 93(6), 779-785. DOI: 10.1111/j.1651-2227.2004.tb03018.x.

Field, T. (2010). *Touch for Socioemotional and Physical Well-Being: A Review.* Developmental Review, 30(4), 367-383. DOI: 10.1016/j.dr.2011.01.001.

Hebb, D. O. (1949). *The Organization of Behavior: A Neuropsychological Theory.* New York: Wiley.

Kandel, E. R. (2001). *The Molecular Biology of Memory Storage: A Dialogue Between Genes and Synapses.* Science, 294(5544), 1030-1038. DOI: 10.1126/science.1067020.

Hensch, T. K. (2004). *Critical Period Regulation.* Nature Reviews Neuroscience, 5(11), 877-888. DOI: 10.1038/nrn1539.

Knudsen, E. I. (2004). *Sensitive Periods in the Development of the Brain and Behavior.* Journal of Cognitive Neuroscience, 16(8), 1412-1425. DOI: 10.1162/0898929042304796.

Schultz, W. (2015). *Neuronal Reward and Decision Signals: From Theories to Experiments.* Physiological Reviews, 95(3), 853-951. DOI: 10.1152/physrev.00023.2014.

Dunbar, R. I. M. (2017). *Breaking Bread: The Functions of Social Eating.* Adaptive Human Behavior and Physiology, 3(3), 198-211. DOI: 10.1007/s40750-017-0061-4.

Hazan, C., & Shaver, P. (1987). *Romantic Love Conceptualized as an Attachment Process.* Journal of Personality and Social Psychology, 52(3), 511-524. DOI: 10.1037/0022-3514.52.3.511.

Pfaus, J. G., et al. (2012). *The Neurobiology of Sexual Reward.* The Journal of Sexual Medicine, 9(6), 1547-1567. DOI: 10.1111/j.1743-6109.2012.02673.x.

Voon, V., et al. (2014). *Neural Correlates of Sexual Cue Reactivity in Individuals with and without Compulsive Sexual Behaviours.* PLoS ONE, 9(7), e102419. DOI: 10.1371/journal.pone.0102419.

Hald, G. M., & Malamuth, N. M. (2008). *Self-Perceived Effects of Pornography Consumption.* Archives of Sexual Behavior, 37(4), 614-625. DOI: 10.1007/s10508-007-9212-1.

Carmichael, M. S., et al. (1987). *Plasma Oxytocin Increases in the Human Sexual Response.* The Journal of Clinical Endocrinology & Metabolism, 64(1), 27-31. DOI: 10.1210/jcem-64-1-27.

Georgiadis, J. R., & Kringelbach, M. L. (2012). *The Human Sexual Response Cycle: Brain Imaging Evidence Linking Sex to Other Pleasures.* Progress in Neurobiology, 98(1), 49-81. DOI: 10.1016/j.pneurobio.2012.05.004.

Bullmore, E., & Sporns, O. (2009). *Complex Brain Networks: Graph Theoretical Analysis of Structural and Functional Systems.* Nature Reviews Neuroscience, 10(3), 186-198. DOI: 10.1038/nrn2575.

Quelle 22,23 und 24:

Travison, T. G., et al. (2007). *A Population-Level Decline in Serum Testosterone Levels in American Men.* The Journal of Clinical Endocrinology & Metabolism, 92(1), 196-202. DOI: 10.1210/jc.2006-1375.

Andersson, A. M., et al. (2007). *Secular Decline in Male Testosterone and Sex Hormone Binding Globulin Serum Levels in Danish Population Surveys.* The Journal of Clinical Endocrinology & Metabolism, 92(12), 4696-4705. DOI: 10.1210/jc.2006-2633.

Levine, H., et al. (2017). *Temporal Trends in Sperm Count: A Systematic Review and Meta-Regression Analysis.* Human Reproduction Update, 23(6), 646-659. DOI: 10.1093/humupd/dmx022.

Hull, E. M., et al. (2004). *Dopamine and Serotonin: Influences on Male Sexual Behavior.* Physiology & Behavior, 83(2), 291-307. DOI: 10.1016/j.physbeh.2004.08.018.

Cumming, D. C., et al. (1983). *The Effect of Dopamine Agonists and Antagonists on Testosterone Secretion in Men.* The Journal of Clinical Endocrinology & Metabolism, 57(3), 671-673. DOI: 10.1210/jcem-57-3-671.

Rubinow, D. R., & Schmidt, P. J. (1996). *Androgens, Brain, and Behavior.* The American Journal of Psychiatry, 153(8), 974-984. DOI: 10.1176/ajp.153.8.974.

Schultz, W. (2015). *Neuronal Reward and Decision Signals: From Theories to Experiments.* Physiological Reviews, 95(3), 853-951. DOI: 10.1152/physrev.00023.2014.

Archer, J. (2006). *Testosterone and Human Aggression: An Evaluation of the Challenge Hypothesis.* Neuroscience & Biobehavioral Reviews, 30(3), 319-345. DOI: 10.1016/j.neubiorev.2004.12.007.

Gettler, L. T., et al. (2011). *Longitudinal Evidence That Fatherhood Decreases Testosterone in Human Males.* Proceedings of the National Academy of Sciences, 108(39), 16194-16199. DOI: 10.1073/pnas.1105403108.

Voon, V., et al. (2014). *Neural Correlates of Sexual Cue Reactivity in Individuals with and without Compulsive Sexual Behaviours.* PLoS ONE, 9(7), e102419. DOI: 10.1371/journal.pone.0102419.

Kühn, S., & Gallinat, J. (2014). *Brain Structure and Functional Connectivity Associated with Pornography Consumption.* JAMA Psychiatry, 71(3), 297-303. DOI: 10.1001/jamapsychiatry.2013.4156.

Exton, M. S., et al. (2001). *Endocrine Response to Masturbation-Induced Orgasm in Healthy Men Following a 3-Week Sexual Abstinence.* World Journal of Urology, 19(5), 377-382. DOI: 10.1007/s003450100222.

Aikey, J. L., et al. (2002). *Testosterone Rapidly Reduces Anxiety in Male Rats.* Hormones and Behavior, 42(4), 448-460. DOI: 10.1006/hbeh.2002.1830.

Bos, P. A., et al. (2012). *Testosterone Administration Modulates Neural Responses to Visual Sexual Stimuli.* Psychoneuroendocrinology, 37(2), 273-279. DOI: 10.1016/j.psyneuen.2011.06.013.

Drevets, W. C., et al. (2008). *The Subgenual Anterior Cingulate Cortex in Mood Disorders.* CNS Spectrums, 13(8), 663-681. DOI: 10.1017/S1092852900016964.

Pavlov, I. P. (1927). *Conditioned Reflexes: An Investigation of the Physiological Activity of the Cerebral Cortex.* Oxford: Oxford University Press.

Hebb, D. O. (1949). *The Organization of Behavior: A Neuropsychological Theory.* New York: Wiley.

Kandel, E. R. (2001). *The Molecular Biology of Memory Storage: A Dialogue Between Genes and Synapses.* Science, 294(5544), 1030-1038. DOI: 10.1126/science.1067020.

Doidge, N. (2007). *The Brain That Changes Itself: Stories of Personal Triumph from the Frontiers of Brain Science.*

Hensch, T. K. (2004). *Critical Period Regulation.* Nature Reviews Neuroscience, 5(11), 877-888. DOI: 10.1038/nrn1539.

Pfaus, J. G., et al. (2012). *The Neurobiology of Sexual Reward.* The Journal of Sexual Medicine, 9(6), 1547-1567. DOI: 10.1111/j.1743-6109.2012.02673.x.

Quelle 25:

Volkow, N. D., et al. (2009). *Imaging Dopamine's Role in Drug Abuse and Addiction.* Neuropharmacology, 56(Suppl 1), 3-8. DOI: 10.1016/j.neuropharm.2008.05.022.

Koob, G. F., & Volkow, N. D. (2010). *Neurocircuitry of Addiction.* Neuropsychopharmacology, 35(1), 217-238. DOI: 10.1038/npp.2009.110.

Hyman, S. E., & Malenka, R. C. (2001). *Addiction and the Brain: The Neurobiology of Compulsion and Its Persistence.* Nature Reviews Neuroscience, 2(10), 695-703. DOI: 10.1038/35094560.

Blum, K., et al. (1996). *The D2 Dopamine Receptor Gene as a Determinant of Reward Deficiency Syndrome.* Journal of the Royal Society of Medicine, 89(7), 396-400. DOI: 10.1177/014107689608900711.

Volkow, N. D., et al. (2011). *Addiction: Beyond Dopamine Reward Circuitry.* Proceedings of the National Academy of Sciences, 108(37), 15037-15042. DOI: 10.1073/pnas.1010654108.

Everitt, B. J., & Robbins, T. W. (2005). *Neural Systems of Reinforcement for Drug Addiction: From Actions to Habits to Compulsion.* Nature Neuroscience, 8(11), 1481-1489. DOI: 10.1038/nn1579.

Koob, G. F., & Le Moal, M. (2001). *Drug Addiction, Dysregulation of Reward, and Allostasis.* Neuropsychopharmacology, 24(2), 97-129. DOI: 10.1016/S0893-133X(00)00195-0.

Nestler, E. J. (2005). *Is There a Common Molecular Pathway for Addiction?* Nature Neuroscience, 8(11), 1445-1449. DOI: 10.1038/nn1578.

Doidge, N. (2007). *The Brain That Changes Itself: Stories of Personal Triumph from the Frontiers of Brain Science.*

Quelle 26:

Buch „Einsamkeit: Die unerkannte Krankheit" (2018):

Cacioppo, J. T., & Cacioppo, S. (2014). „Social Relationships and Health: The Toxic Effects of Perceived Social Isolation." *Social and Personality Psychology Compass*, 8(2), 58-72.

Spitzer hat in zahlreichen Vorträgen und Medienauftritten (z. B. in der Sendung „Spitzer & Lanz" oder in Interviews mit deutschen Medienhäusern wie ZDF) betont, dass Einsamkeit in der modernen Gesellschaft ein wachsendes Problem ist, das häufig in psychiatrischen Praxen auftaucht.

Quelle 27:

Buss, D. M. (2019). *Evolutionary Psychology: The New Science of the Mind* (6. Auflage). Routledge.

Volkow, N. D., et al. (2011). „Addiction: Beyond dopamine reward circuitry." *Proceedings of the National Academy of Sciences*, 108(37), 15037-15042.

MacLean, P. D. (1990). *The Triune Brain in Evolution: Role in Paleocerebral Functions*. Springer.

Symons, D. (1979). *The Evolution of Human Sexuality*. Oxford University Press.

Griffiths, M. D. (2012). „Internet sex addiction: A review of empirical research." *Addiction Research & Theory*, 20(2), 111-124.

Turkle, S. (2017). *Alone Together: Why We Expect More from Technology and Less from Each Other*. Basic Books.

Wu, T. (2016). *The Attention Merchants: The Epic Scramble to Get Inside Our Heads*. Knopf.

Quelle 29:

Adler, A. (1927). *Understanding Human Nature* (Menschenerkenntnis).

Adler, A. (1931). *What Life Could Mean to You* (Der Sinn des Lebens).

Ansbacher, H. L., & Ansbacher, R. R. (Eds.). (1956). *The Individual Psychology of Alfred Adler: A Systematic Presentation in Selections from His Writings*. Basic Books.

Quelle 28,30,31,32,33,34,35,36,37,38,39,40,41 und 42:

Carnes, P. (2010). *Out of the Shadows: Understanding Sexual Addiction* (3. Auflage). Hazelden Publishing.

Dunbar, R. I. M. (1998). „The social brain hypothesis." *Evolutionary Anthropology: Issues, News, and Reviews*, 6(5), 178-190.

Boyd, R., & Richerson, P. J. (2005). *The Origin and Evolution of Cultures*. Oxford University Press.

Griffiths, M. D. (2012). „Internet sex addiction: A review of empirical research." *Addiction Research & Theory*, 20(2), 111-124.

Park, B. Y., et al. (2016). „Is Internet pornography causing sexual dysfunctions? A review with a focus on clinical reports." *Behavioral Sciences*, 6(3), 17.

Cooper, A., et al. (1999). „Online sexual compulsivity: Getting tangled in the net." *Sexual Addiction & Compulsivity*, 6(2), 79-104.

Zillmann, D., & Bryant, J. (1988). „Pornography's impact on sexual satisfaction." *Journal of Applied Social Psychology*, 18(5), 438-453.

Hald, G. M., & Malamuth, N. M. (2008). „Self-perceived effects of pornography consumption." *Archives of Sexual Behavior*, 37(4), 614-625.

Attwood, F. (2011). „The paradigm shift: Pornography research, sexualization and extreme images." *Sociology Compass,* 5(1), 13-22.

Buss, D. M. (2019). *Evolutionary Psychology: The New Science of the Mind* (6. Auflage). Routledge.

LeDoux, J. E. (1996). *The Emotional Brain: The Mysterious Underpinnings of Emotional Life.* Simon & Schuster.

Toates, F. (2009). „An integrative theoretical framework for understanding sexual motivation, arousal, and behavior." *Journal of Sex Research,* 46(2-3), 168-193.

Barrett, H. C. (2015). *The Shape of Thought: How Mental Adaptations Evolve.* Oxford University Press.

Kühn, S., & Gallinat, J. (2014). „Brain structure and functional connectivity associated with pornography consumption: The brain on porn." *JAMA Psychiatry,* 71(3), 297-303.

Doidge, N. (2007). *The Brain That Changes Itself.* Penguin Books.

Hilton, D. L., & Watts, C. (2011). „Pornography addiction: A neuroscience perspective." *Surgical Neurology International,* 2, 19.

Love, T., et al. (2015). „Neuroscience of Internet pornography addiction: A review and update." *Behavioral Sciences,* 5(3), 388-433.

Uvnäs-Moberg, K., & Petersson, M. (2005). „Oxytocin, a mediator of anti-stress, well-being, social interaction, growth and healing." *Journal of Psychoneuroendocrinology,* 30(10), 963-968.

Carter, C. S. (1998). „Neuroendocrine perspectives on social attachment and love." *Psychoneuroendocrinology,* 23(8), 779-818.

Neumann, I. D. (2008). „Brain oxytocin: A key regulator of emotional and social behaviours in both females and males." *Journal of Neuroendocrinology,* 20(6), 858-865.

Young, K. S. (2007). „Cognitive-behavioral therapy with Internet addicts: Treatment outcomes and implications." *CyberPsychology & Behavior,* 10(5), 671-679.

Kabat-Zinn, J. (1990). *Full Catastrophe Living: Using the Wisdom of Your Body and Mind to Face Stress, Pain, and Illness.* Delacorte Press.

Bowen, S., Chawla, N., & Marlatt, G. A. (2011). *Mindfulness-Based Relapse Prevention for Addictive Behaviors: A Clinician's Guide.* Guilford Press.

Volkow, N. D., et al. (2011). „Addiction: Beyond dopamine reward circuitry." *Proceedings of the National Academy of Sciences,* 108(37), 15037-15042.

Koob, G. F., & Volkow, N. D. (2010). „Neurocircuitry of addiction." *Neuropsychopharmacology,* 35(1), 217-238.

Blood, A. J., & Zatorre, R. J. (2001). „Intensely pleasurable responses to music correlate with activity in brain regions implicated in reward and emotion." *Proceedings of the National Academy of Sciences,* 98(20), 11818-11823.

Pavlov, I. P. (1927). *Conditioned Reflexes: An Investigation of the Physiological Activity of the Cerebral Cortex.* Oxford University Press.

Ratey, J. J., & Hagerman, E. (2008). *Spark: The Revolutionary New Science of Exercise and the Brain.* Little, Brown Spark.

Kandel, E. R., Schwartz, J. H., & Jessell, T. M. (2000). *Principles of Neural Science* (4. Auflage). McGraw-Hill.

Brown, B. (2010). *The Gifts of Imperfection: Let Go of Who You Think You're Supposed to Be and Embrace Who You Are.* Hazelden Publishing.

Neff, K. (2011). *Self-Compassion: The Proven Power of Being Kind to Yourself.* William Morrow.

Levine, P. A. (2010). *In an Unspoken Voice: How the Body Releases Trauma and Restores Goodness.* North Atlantic Books.

Siegel, D. J. (2010). *Mindsight: The New Science of Personal Transformation.* Bantam Books.

Quelle 43:

https://de.wikipedia.org/wiki/Bedingungslose_positive_Wertsch%C3%A4tzung
https://www.verywellmind.com/how-to-talk-to-an-addict-22012